新 人を育てるリーダー

一流の聴き方

牛島留理子
国際NLP認定トレーナー・聴き方マスター師範

Beingとして聴く

コスモ21

多様性を伸ばす
聴く力が身につく

新・人を育てるリーダー　一流の聴き方

カバーデザイン◆中村　聡
書籍コーディネート◆小山睦男（インプループ）

新・人を育てるリーダー　一流の聴き方……もくじ

プロローグ　聴くことのゴールは相手の自立

1章 聴くために必要な準備

2章 何が聴くことを妨げるのか

3章　聴くために必要な「共感」

4章 聴いているつもりの落とし穴

5章 聴くことを阻む六つのバイアスパターン

6章 「何を話しても大丈夫」という聴き方

7章 相手への理解を深める実践的アプローチ

8章 相手を育てる聴き手の質問力

エピローグ

気づきは成長の第一歩

プロローグ

聴くことのゴールは相手の自立

「話をきいてもらえる環境」が危うい

この本のサブタイトルにある「Ｂｅｉｎｇとして聴く」という言葉を読まれて、「それって、何」と思われた方もいらっしゃるかもしれません。効果的な「きき方」について書かれた本はたくさんありますが、「聴く」ことに焦点を当てた本は少ないようです。

ご存じのように「きく」には３種類あります。「聞く」（相手の話が自然に耳に入ってくる）と「訊く」（相手に何かを尋ねる）と「聴く」（相手の話を理解しようとして意識的にきく）です。最近は相手の気持ちに共感しながら聴く「傾聴」をテーマにした本を目にすることも増えていますが、職場や家庭では「聞く」と「聴く」の違いはほとんど意識されずに使われているようです。

「聴く」ことは「訊く」ことを含めて、相手の話をしっかりと受け入れ理解することです。本書が注目しているのはこの「聴く」です。それには大きな意味がありますが、混乱を避けるため「きく」とひらがなで表記することを基本にしながら、場面に応じて使い分けています。

さて、皆さんはどんなときに「誰かに話をきいてもらいたい」と思われますか。あるいは、タイミングよく話をきいてもらえて、なんだかホッとでき、もう少し頑張ってみようと思った経験はありますか。

こんなふうに、話をきいてもらって元気になったという、とても素朴ですが、大切な経験をする機会が、今の日本社会では減っていると感じるのは私だけでしょうか。特にそのことを痛感したのは、２０１１年の東日本大震災から半年くらい経ったころです。

私が住んでいる東京でも節電のために街が暗くなり、テレビではＣＭが自粛され、社会全体の雰囲気は沈んでいました。東北の方たちに思いを馳せているうちに、気づいたら鬱々と過ごしている、そんな方たちが私の周辺でも増えていました。

そんな状態が続くと症状が悪化し精神的な疾患にもつながりかねないため、その場合は心療内科やカウンセリングの力を借りることもできます。ところが日本では、そのような場所は病気になったときにだけ行くところという認識が強く、なかなか敷居が高くなっているようです。

以前の日本社会には、ひとりで悩んでいると誰かが声をかけてくれたり、話をきいてくれたりする人のつながりがありました。ところが、そうしたつながりが希薄になっていき、家庭や同じ環境にいても誰にも話せず、ひとりで不安を抱え込む人が増え続けているように思います。そのなかには心を病む人も出てきています。

ほんのちょっとでも良いから話に耳を傾けてくれる、そんな人が身近にいれば、それだけで随分、心が楽になるはずです。多くの人がそう考え、気軽に声をかけていた時代は、残念ながら過去のことです。ならば、あらためて身近な人をサポートする力を学ぶ場を作りたい。そう考えて、私は『NPO法人ハッピーステージ』を立ち上げました。その一環で「聴き方マスター講座」もスタートさせました。

当初は、「人の話をきくなんて、当たり前にやっていることであり、わざわざ講座に参加して勉強するほどのことではない」そんな声もきこえてきましたが、参加者は着実に増え、14年経った今では「聴き方マスター」が全国に誕生しています。

心理的安全性はきくことからはじまる

私は元々、人材育成コンサルタントとして、数多くの企業の人材育成を支援してきました。人材育成にはさまざまの要素がありますが、じつはそこでも「きく力」の重要性が再認識されてきています。相手の話をきくことは、家庭や職場での悩みを和らげるためだけでなく、〝人を育て組織力を高める〟ためにも重要だからです。

現代の企業や組織を取り巻く社会環境の変化はますます速くなり、多様化しています。それに対応するには、できるだけ素早く状況の変化をとらえて、的確に意思決定をし、適切なアクションを起こすことが求められます。

これまでのやり方や考え方、成功パターン、ビジネスモデルにとらわれず、新たなアイデア、戦略を生み出す力、企業や組織のあり方を柔軟に変えていく組織力などが必要なのです。

たとえば、ＩＴ企業が顧客の課題解決のためのソリューションを提供するとき、顧客から言われたことを解決するだけでは、時代の変化に対応したソリューションを提供できないケースが多くなっています。相手が見えていない課題まで発見し、それらを解決するアイデアや戦略を提供する力が必要なのです。

そのためには技術力の向上や的確な対応法などを整えなければなりませんが、もっと大事なのは、一人ひとりが自ら考えて行動する習慣を身につけることです。よく言われることですが、「指示を待って動く人材」ではなく「自分で考えて動くことができる人材」を本気で育てることが重要になっているのです。

そのことに気づいて、いろいろな取り組みが行われていますが、「やってみてはいるが、思うような効果が出てこない」とか「上司としては、部下ができるだけ自分で考えて行動できるよう意識して働きかけているが、うまくいかない」というご相談を受けることがよくあります。

私はそんなとき、「上手なきき方ができていますか？」とたずねます。すると多いのは、「もちろん、ちゃんときくようにしています。ところが、期待するようなアイデアや戦略はなかなか出てきません」という答えです。

「1on1」を行っている企業は増えていて、一対一で話す場を設けているかもしれませんが、それでもうまくいかないようです。

何より大切なのは、上司や部下という垣根を越え、思い切ったアイデアや奇抜な考えも含めて、自由に話すことができる安心感（心理的安全性）がどこまで浸透しているかにあるのです。上司の方たちを対象にした私の研修でも、そのことを確認するために、普段、どのように話をきいているかを振り返る場を設けています。

心理的安全性の四つのキーワード

昨今、「心理的安全性のある職場づくり」がますます注目されていますが、心理的安全性とは1999年にエドモンドソンが提唱した心理学用語です。それが一気に脚光を浴びるようになったのは、2016年にGoogleが「生産性の高いチームは心理的安全性が高い」という研究結果を発表したことがきっかけです。

さらに、コロナ禍で企業を取り巻く環境が大きく変化したことで、これまでのコミュニケーションの取り方を見直す必要が生じたことも関係しているものと思われます。

エドモンドソンは心理的安全性を「チームのメンバーが自分の発言を拒絶したり、罰したりしないと信じられる状態」と定義しています。それは言い換えれば、組織の中で、自分の考えや気持ちを安心して発信できる、話すことができる状態です。

心理的安全性を実現する四つのキーワードは、「話しやすさ」「新奇歓迎」「助け合い」「挑戦」です。

まず「話しやすさ」ですが、ある研修で参加者からこんな話をきいたことがあります。

「自分が働いている会社で、せっかくみんなが使いやすいように資料の取り扱いに関する改善案を提案したのに、修正はしないと頭ごなしに否定されてしまった。なぜそれをしたいのか、考えた意図だけでも聴いてほしかった。そのうえで、今はこういう状況だからできないよと言われれば、納得できたと思う」

結果として、本人のモチベーションはかなり下がってしまったようです。

逆のケースもあります。自分の話をしっかりきいてもらったことで、「自分自身のモチベーションが上がった」というのです。そのときの気持ちを表すと、こんな感じだと思います。

「最初から否定するのではなく、まずは自分の意図をじっくりときいてもらえたので、結果的に自分の考えは採用されなかったけれど、納得できた」

「一生懸命考えたことをなるほどと言いながら楽しそうにきいてくれた」

「自分の意見を尊重してくれた」

「自分の考えを信頼してくれた」

このように、自分の考えや意見を話したときに受け止めてもらえるという「話しやすさ」があると、心理的安全性が機能しやすくなります。

次のキーワード「新奇歓迎」ですが、これは、ちょっと変わった才能や考え方、個性を歓迎することです。かなり奇抜な意見やアイデアでも自由に発言しやすい状態です。

そもそも、私たちは「自分との違い」に目が行きやすく、「違うからうまくいかない」「違うからあの人とは合わない」と考えてしまいやすいようです。そういう相手とはコミュニケーションを避けてしまうこともあります。しかし違いがあるからこそ、発見や発展があるのです。

もちろん聴き手として「ちょっと変わった考え方」や「今までなかった考え方」を受け

入れるには、かなり勇気が必要です。なぜなら「変化」には「リスク」も伴うからです。そのため、「なんでもかんでも受け入れていたら収集がつかなくなる」と、きく耳を塞いでしまい、現状維持に留まってしまうことが実際には多いのです。

しかし、「新奇歓迎」が定着してくると、さまざまな考えや意見が活発にやり取りされるようになります。

さらに、残りふたつのキーワードである「助け合い」と「挑戦」も加わると、心理的安全性は確実に機能しはじめます。

では、この4つのキーワードが定着するために、上司としてリーダーとして具体的に何から取り組めばいいのでしょうか。それが「きく」ことを見直すことなのです。

これまでのコミュニケーションでは通用しない

新型コロナ感染症の急拡大により、オンラインでの仕事が増加しました。もちろん、それによって便利になった面は多くあります。私自身は、出張が減り、その分家族と一緒に食事ができる時間が増えました。それはそれで私にとっても家族にとっても嬉しい変化でした。しかしふと気づいたら、いろいろな人とのコミュニケーションの機会がかなり減っていたのです。

もちろん、オンラインやメールでのやり取りは続けていましたが、どうしても必要最低限のことで終わってしまいます。コロナ禍のなかでメンタルヘルスの研修を実施したときにも、SNSでのやり取りに関して同じような感想が多く上がってきました。

「ちょっとした雑談ができなくなった」

「悩んでいても、わざわざチャットやメールでは書きにくい」

なかには、気づかないうちに話したい気持ちをため込んでしまい、体調不良になってしまったという方も多くいました。

上司と部下に関していえば、いくらメールで部下をフォローしていても一方通行になりやすく、メールの先で部下がその文面をどのように受け取ったのかは、実際に部下と話してみなければわからないのです。

また、新入社員研修のフォローをオンラインで実施したときには、ある受講者から「孤独です。この1週間、コンビニでレジ袋くださいしかしゃべっていない」という話をきいて、本当に切ない気持ちになりました。

入社当初から、テレワークでスタートした新入社員が1年目で退職していくケースや、コロナ禍以前からの傾向として若手社員の離職率が高くなっていることは、多くの企業の深刻な課題になっています。

もちろん、自分に合わないとわかったら早くに決断することもときには必要ですが、離職の背景には、職場での人との関わりが希薄になったことも関係していると考えられています。孤独になり居場所がなかった社員が、他に居場所を求めて辞めていくケースも見受けられます。テレワークの導入で、まめな声掛けがさらに減少し、離職傾向はますます深刻化しているのです。

上司としては任せているつもりでも、部下にとっては放置されているように感じ、自分の存在意義が薄らいでしまうこともあります。

たとえば、入社2年目の若手社員からは「自分が成長しているのかどうかがわからない」という不安の声をきくこともあります。2年目になって仕事の流れがわかってくると、順調にこなせるのが当たり前になり、上司からの声掛けが少なくなってきますが、本人の中では、自分がしていることを判断する指標が見えづらくなってくるという側面もあるのです。

何も言ってこないのは、自分に何か足りないところがあるからではないか、他の人に比べて仕事ができていないからではないか、そんな不安を抱えてしまいます。研修でも、そうした悩みをきくことがかなり多いのです。

そしてそれは、若手ばかりではありません。中堅やベテランの方からも「自分から1on1をやってくださいと言いにくい」という声があがっているのです。

その状態が続くと、「自分の居場所はここではないのかもしれない」という思いが強くなり、優秀な人材ほど辞めていくという傾向があります。企業としても、せっかく採用し、費用を掛けて育てた人材が辞めてしまうことは、とても大きな損失です。

また、多くの企業がコロナ禍で初めてテレワークを導入し、コロナ禍が明けた今でも継続しているところがあります。確実に働き方が変わってきているのです。そのなかでまちがいなく起こっているのは、人との関わりが減り、これまでのようなコミュニケーションが通用しなくなっていることです。そして、それによって人が育ちにくくなっていることもまぎれもない事実なのです。

今こそ、人と人との触れ合いの意味を再確認し、職場であれ、地域社会であれ、家族であれ、人と人がつながるためのコミュニケーションのあり方を見直すことが必要です。そして、すぐにでも取り組むべきことは何かをはっきりさせる必要があります。特に本書がお伝えしたいのは、ここでもう一度、「聴くことの意味」とご自身の「聴き方」をちょっと立ち止まって見直していただきたいということです。

聴くことの可能性は無限大

上司を対象にした企業研修では、受講者の方から部下育成の悩みとして「部下が自分で考えて動いてくれない」「指示されたことしかしてくれない」という声を数多くききます。上司としても、自分で考えて行動できる人材を育てたいと考えているのに、それがうまくいかないのだとしたら、その理由の一つは上司の関わり方にあります。特に、部下の話をきくときのあり方です。

たとえば、部下から何か相談されたとき、どんなきき方をしているでしょうか。特に忙しい現場ほど、話半ばで先回りして解決策を言ってしまうことが多いようです。しかしそれでは、部下に考えさせる機会を省いてしまいます。

研修の中でご自身のきき方を振り返っていただくと、「部下がなかなか自分で考えることをしてくれないと思っていたが、じつは自分がつい先走って答えを出してしまい、相手に考えさせるきっかけを与えていなかった」という感想がよく出てきます。これは、職場だけにかぎらず、子育ての場面などでも時折見受けられることです。

相手を主体にして話をきいているつもりが、いつの間にか自分の考えに合うところだけをきいていたり、いつの間にか自分の考えを話していたりすることがとても多いのです。先ほどの「先走って答えを出してしまう」という方の例でいえば、忙しい上司ほど部下が考える時間を待っていられず、つい先に自分が結論を出してしまうのです。確かに、その瞬間はそのほうが早く先に進めそうですが、結果として、部下が自分で考える機会を奪っているかもしれません。

これは、人材育成に熱心な上司であっても陥りやすいことです。面倒見が良すぎるあまり、つい何でも自分が決めてあげてしまいます。もちろん、自分としては良かれと思ってやっているのですが、部下が考えるきっかけや機会を奪っていることに気づいていません。これでは、教育熱心がアダになるばかりです。

変化がますます加速する現場では、そんなことをしていては間に合わないと考えるかもしれませんが、スピードが求められるからこそ、自分で考え行動できる部下を育てることがさらに重要になってきているのではないでしょうか。

きくことの本質を理解すれば、そのための効果は無限大です。何より自分で考え行動する部下が増えることで組織の力は格段に強くなりますし、顧客満足にもつながり、上司の負担も軽減されます。

部下にとっては、自分で考えて答えを出すことができる分、やる気につながります。何より、自分自身の成長を実感でき、会社における自分の存在価値を実感することにもつながります。

きいているつもりの落とし穴

先述しましたように、私が主催している『NPO法人ハッピーステージ』の「聴き方マスター講座」では、「聴き方」の基本を2日間かけて学びます。

この講座をはじめた当時から、「話し方講座」や「話し方教室」などを開催されているところを目にすることはよくありましたが、「聴くこと」だけに集中して長い時間をかける講座は、ほとんどありませんでした。たとえあっても2時間から半日ほどで、内容はきく態度や姿勢などを学ぶものばかりでした。

ですから、2日間もかけて「聴き方」だけを学ぶ講座があることに驚く方が多かったのですが、体験してみると「こんなに聴くことを深く学んだのは初めて」という反応が返ってきました。

これまでのきき方では、人を活かすことができない、ましてや育てることはできないと気づかれます。さらに、あらためて聴くことの目的を考える機会にもなります。

そもそも、聴くことの目的とはなんでしょうか。もちろん、私たちは日常的に「人の話をきく」ことはしています。しかし、「何のために相手の話をきくのか」ということはあまり意識せずに、なんとなく必要なことをきいているのではないでしょうか。

つまり、「聴いているつもり」になっていることが多いのです。特に身近な人に対するほど、そうなってしまいやすいようです。

私は長年、人材育成コンサルタントとして監督者研修も行っています。そのなかで、参加者に聴き方の練習をしていただきますが、こんな声をきくことがあります。

「妻に相談されたから一生懸命アドバイスをしてやったのに、気づいたら妻の機嫌が悪くなっていた」

「せっかくどうしたらいいか考えてやったのに、わかっていないと妻から怒られた」

この本を読んでくださっている男性の方は心当たりがあるでしょうか。じつは、かくいう私も、同じようなことで失敗したことがありました。

妹から子育ての悩みを聴いていたときのことです。なんとかしてあげたいという思いから、当時学んできた心理学の話を一生懸命していたのです。気づいたときには時遅しで、妹は憮然とした表情で黙り込んでいました。そして、「心理学を学んでいるからといって、私に押し付けないで」と言い放ったのです。

もちろん、私としては押し付けるつもりはまったくありませんでした。しかし気づいたときには、相手の話を聴くどころか、ほとんど自分がしゃべっていたのです。

後から考えて、私は妹の気持ちや苦労を理解し受け止めることをせず、解決することだけに囚われ、聴いているつもりになっていたのだと気づきました。相手の話を聴いているつもりで、いつの間にか話し手と聴き手が入れ替わってしまっていたのです。

同じようなことは、企業研修の実習のなかでもよく起こります。聴き手として話し手の悩みを聴けば聴くほど、自分が解決策を考えなければという気持ちになり、「こうしたら」「ああしたら」と一方的にアドバイスをしてしまいます。

これは、解決ありきの聴き方なのです。

話し手はまず心の重荷を下ろしたい

そもそも話し手が聴き手に話を聴いてほしいと思うのは、ほとんどの場合、本人が自覚している、いないにかかわらず、まずは自分の心の重荷を下ろすことにあります。

前述した上司向けの研修では「職場の問題」や「部下育成での悩み」について、ペアになっていただき、どちらかが聴き手になって聴く実習をしていただきます。お互い監督者としての悩みは共通していることが多く、なかには話し手と一緒になって悩んでしまう方もいます。

この実習では、解決に至らなくてもいいので、まずお互いの問題を「理解する」ことを目指しますが、実習が終わると、ほとんどの方がスッキリとした表情をされています。感想を聴いてみますと、「職場は違っても、みんな同じような悩みを抱えていることがわかって、心が軽くなり少し安心した。もう少し頑張ってみようというモチベーションになった」とおっしゃるのです。

聴き方マスター講座でも、参加者同士で聴く体験をたくさんしてもらいますが、2日目が終了すると、「あ〜、スッキリした！」と言って笑顔で帰って行かれます。

このように、聴くことの効果は、まずは心の重荷を下ろすことができ、満足感や充足感が得られることにあります。いわゆる気持ちがスッキリすることにあります。このステップがあって初めて、人は自分が抱えている問題に向き合うことができるのです。

ところが、話し手が重荷を下ろす前に聴き手が先回りしてアドバイスをしてしまうと、たとえ良かれと思ってしたことであっても、話し手は無意識のうちに「聴き手から自分の気持ちを開放することをブロックされた」と感じてしまい、心を閉ざしてしまいやすいのです。

アドバイスが決して悪いわけではありませんが、そのタイミングを間違うと、相手が自分で問題に向き合おうとする意欲を潰してしまうかもしれません。あるいは、自分で解決しようとせず、教えてくれるのを待つクセをつけてしまうかもしれません。

講座の傾聴実習を見ていても、聴き手が話し手の悩みに一生懸命にアドバイスをしていることが本当に多いのです。なかには、「アドバイスしてあげる先輩が良い先輩だと思っていたので、自分も一生懸命後輩にアドバイスをしていた」という方もいます。

確かに、そんな先輩がいたら、失敗せずに済み楽かもしれませんが、それに甘んじていたら自分で考えて行動する力は育ちません。本当に良い先輩の条件の一つは、相手が自分で考え行動するのを促すように聴くことができることです。

ふたつの聴き方

ここまで、自分で考えて行動できる人を育てるには聴き方を見直す必要があると述べてきました。では、具体的にどんな聴き方をすればいいのでしょうか。

私たちが相手の話を聴いているときの状態を観察すると、形としては同じように聴いているようでも、聴き手の意識には大きく二つの傾向があります。それが「Ｂｅｉｎｇとして聴く」と「Ｄｏｉｎｇとして聞く」です。

ＢｅｉｎｇとＤｏｉｎｇという概念はもともと哲学的な考え方ですが、心理学や自己啓発、ビジネスなどかなり広い分野で用いられています。

簡単に説明しますと、Ｂｅｉｎｇは「存在」や「居ること」「あること」などを意味します。一言でいえば、その人自身のことです。そこには自分が考えていることや感じていること、望んでいること、大切にしたいと思っていることなどが含まれています。ところが、そうしたＢｅｉｎｇに属するものはどれも外からは見えにくいのです。

一方、Ｄｏｉｎｇのほうは「行動」とか「行為」を意味します。わかりやすくいえば、その人の社会的な活動や成果のことで、外から見えやすく、評価されやすいものです。

現代社会で生きるには仕事や学業などで、より論理的に問題を解決し計画的に行動すること、より効率的に目標を達成して成果を上げることが求められます。そのためにＤｏｉｎｇが重視される傾向があります。

ところが、Ｄｏｉｎｇに傾くほど、失敗への不安やストレスで苦しくなったり、期待に反する結果への失望感や無力感などで気持ちが落ち込んだりすることも多くなります。

ですから大事なのは、ＢｅｉｎｇとＤｏｉｎｇのバランスを保つことなのですが、Ｄｏｉｎｇに偏りやすい現代社会では、Ｂｅｉｎｇをしっかり意識していないとバランスが崩れてしまいます。

では、このことを「きく」ことに当てはめてみたらどうでしょう。心理的安全性を定着させるには「きく」をもっと大切にすることが必要とお伝えしましたが、この場合の「きく」は「Ｄｏｉｎｇとして聞く」ことより「Ｂｅｉｎｇとして聴く」ことが優先されます。「Ｂｅｉｎｇとして聴く」とは、**相手のＢｅｉｎｇと向き合いながら話を聴く聴き手のあり方です。**相手自身に関心を向け、相手がどのように感じ、考えているのかを理解しようとしながら話に耳を傾けます。

つまり、これは話す相手を主役にした聴き方なのです。

一方、「Ｄｏｉｎｇとして聞く」は聞き手を主役にした聞き方です。

きき方をテーマにした書籍の多くも、きくときの効果的なテクニックとして、たとえば相槌や頷き、態度や姿勢などを紹介しているものが多く、どちらかというと「聞き手が何をしたら良いか」つまり「Ｄｏｉｎｇとして聞く」ことをテーマにしているものが多いように感じます。

初めて聞く技術を学ぶ方にとっては、「技術を学ぶ」ことも役に立つため、Ｄｏｉｎｇを否定するものではありません。しかし何のためのスキルなのかはしっかりと理解しておくことが必要であり、一番大切なのは、聴き手としてどのように相手のＢｅｉｎｇと向き合うのかということです。

私が行っている企業研修で聴き方について取り上げますと、参加者の多くは相手を主役としてきいていているつもりなのです。しかし、実際にはいつの間にか自分を主役にしてきいていることが多く、Ｂｅｉｎｇとして聴いているつもりでもＤｏｉｎｇの聞き方になってしまうのです。

前述した上司の例ですと、部下の相談をききながら〝自分〟が解決策を考えています。それは、相手の感じ方、考え方と向き合いながらＢｅｉｎｇとして聴くよりも、自分の感じ方、考え方に合わせて自分が何を言おうかを考えながらＤｏｉｎｇとして聞いている状態です。ですから、部下の思いや考えを聴こうとせず、自分で考えた解決策を押し付けることになってしまいます。

せっかく相手のためと思って聴いているつもりでも、そんなきき方のままでは心理的安全性を定着させることができないでしょう。

Be·ingのはずがDo·ingになってしまうのはなぜか

もう少し、このことについて考えてみます。「相手はどう考えているのか」「どんな気持ちなのか」そして「どうしたいと思っているのか」「何が解決の妨げになっているのか」など、相手にしっかり寄り添いながら丁寧に聴くのが「Ｂｅｉｎｇとして聴く」ことでもあります。そこには、あくまで話し手を主役にして、相手を理解しようとして聴く姿勢があります。

人は自分で見つけた答えだからこそ、納得して行動しようとします。その背中を押してあげるには、相手がどのような考えを持っているのか、または持っていないのかを理解することが必要です。

もしかしたら話し手は、聴き手の考えやアドバイスしたいこととは逆のことを言うかもしれません。それでも否定せずに受け止めて、その言葉の裏にどんな考えや気持ちがあるのかをより深く探りながら聴いていきます。

それはなかなか難しいことですが、だからこそ「Ｂｅｉｎｇとして聴く」という姿勢が大事なのです。それがないと、聴き手としては熱心に話を聴いているつもりでも、相手は自分が理解されたとは感じないかもしれません。それどころか、相手が考える機会を奪ったり、自分の考えを押し付けてしまったりすることになります。

こんな場面を目にしたことがありませんか。

上司が「うん、うん」と部下の話をききながら、相手がある程度まで話をしたら「つまり、あなたの言いたいのはこういうことなんだね」と部下の話を要約し、「だったら、こうすればいいんじゃないの」とアドバイスをしています。さらに、「そんな話はよくあることだよ。誰だってそれを頑張って乗り越えているんだよ。だから君も頑張ってくれよ」と部下を励まして、満足そうにしています。

ところがその間、部下は俯《うつむ》いたまま「はい」「そうですね」と短い言葉を発するのみです。これでは、上司は部下に寄り添ってきいているつもりでも、相手の考えや気持ちに寄り添ってはいません。さらに、「そんな話はよくあることだよ」と一般論にしてしまうと、部下は「そんなことで悩んでいるの？」と言われているように感じ、口が重くなってしまうでしょう。

これでは部下のモヤモヤは残ったままです。問題解決に向かおうとする心の準備もできず、せっかく上司が提案したアドバイスを受け止める気持ちにもなかなかなれません。

それでも上司はうまくきいてあげられたと思うかもしれませんが、「Ｂｅｉｎｇとして聴く」ことが抜けているため、上司にとっても部下にとっても時間の無駄になっているのです。

相手にとっての真実は何か

相手が納得していないと、「でも……」という言葉が返ってくることはよくあります。この言葉は、まだ「言い切れていないことがある」「心の重荷を下ろしきれていない」というサインでもあるのです。

もしそんな反応があったら、相手のペースにもっと寄り添い、相手が本当に言いたいこと、言葉の裏に隠れている考えや気持ちに関心を向けて、しっかり聴くことです。

私が以前、ある女子大の非常勤講師でホスピタリティを教えていたときのことです。ある学生が「A先生は私のことが嫌いだから、私もA先生の講義を受けたくない」と言ってきました。A先生は私が信頼しているとても誠実な先生だったので、つい「そんなことはないと思いますよ」「それはあなたの思い過ごしではないの?」と言いたくなりました。

しかし、私は辛うじてその言葉を飲み込みました。もしそれを言ってしまったら、多分彼女は「わかってくれない」「理解しようとしてくれない」と心を閉ざしてしまったことでしょう。

「ロジャースの中核三条件」の中に、無条件の肯定的配慮と共感的理解というものがあります。無条件の肯定的配慮とは、相手の体験やその体験に対する感情、表現に対して、聴き手が自分の価値観で判断したり評価したりせずに肯定的に受け止めていくことです。

「A先生は私のことを嫌い……」という彼女の言葉は事実ではないかもしれません。しかし彼女がそう信じている以上、それがその人にとっての真実なのです。そのため、まずはそれをあるがままに受け止めることが必要なのです。

「それは思い過ごしだと思うよ」と言ってしまうと、たとえ相手を安心させたいという気持ちから出た言葉であったとしても、やはり聴き手の考えを中心にしているため、相手が本当に言いたいことを理解できないまま終わってしまいます。それでは、話し手が抱えている問題を解決できずに終わってしまいます。

本当に問題を解決するためには、もう一歩深めて「相手の言葉の裏にはどのような気持ちや考えがあるかを理解する働きかけ」が必要になります。

この女子学生の例でいえば、「どういうところからそう思ったの？」「○○さんはA先生にどうしてもらいたかったの？」などと聴いてみます。A先生を主役にするのではなく、女子学生を主役にして話を聴いていきます。すると相手は、自分が本当は何に不満を抱いているのか、どうしたいと思っているのかを考えるきっかけになります。そこから、自分で考えて問題を解決するフェーズに入っていける可能性が出てきます。

聴き手にとっての真実ではなく、相手にとっての真実に耳を傾けること、それが「Being として聴く」ということでもあります。

少し時間はかかっても組織力が高まる

研修でこのように説明しますと、「そういう聴き方が必要だとは思うけれど、効率化・迅速化が問われる現場では素早く決断をしなければいけないことが多く、相手の考えを聴きながら教えるより、自分がやってしまったほうが速い」という声をよく聴きます。

しかし、ちょっと考えてみていただきたいのです。そもそも相手の話を聴く目的はなんでしょうか。そして今のままの聴き方を続けていて、望ましい結果は手に入るのでしょうか。確かにBeingとして聴くのは、聴く側がすぐにアドバイスをして答えを出してしまうよりも時間が掛かります。しかし少し長い目で見れば、自分で考えられる部下が育つことで得られる成果は、その何倍も大きいのではないでしょうか。

そのことを裏付けるように、「Beingとして聴く」ことを実践していたら、自分で考えて行動する社員が増えてきて企業の組織力も高まった、コミュニケーションの質が高まったという事例が増えています。仕事もスムーズに進むようになっています。

もっと素晴らしいのは心理的安全性が定着していることです。社員間のつながりが深まり、「働きやすい」「やりがいがある」と感じる社員が増えているという事例も出てきています。

変化の激しい時代になるほど、個々の知識や経験だけでは対応できなくなってきています。それらをつなぎ合わせることで対応力を高めることが必要なのですが、「Ｂｅｉｎｇとして聴く」ことで、そのための土台づくりができるのです。

聴き手のBeingを見つめ直すことも大切

私が長年学んできたＮＬＰ（神経言語プログラミング）という心理学の中に、「コミュニケーションの結果は、相手の反応でわかる」という言葉があります。これをコミュニケーションの柱のひとつである聴き方に置き換えて考えますと、「自分の聴き方の結果は、相手の反応で判断する」ということになります。

たとえば、せっかく時間を割いて相手の話を聴いたのに、相手の反応が自分の思いどおりではなかったとしても、その要因の半分は自分が発信したコミュニケーションの仕方にあるということです。

私の講座のなかでも、「Ｂｅ・ｉｎｇとして聴く」ことを意識しているのにうまくいかないという声を聴くことはよくあります。

「相手を理解しようと思い、ちゃんと聴こうと思っているのに、気づいたらお説教をしてしまっていた」

「つい、そうじゃないよと否定してしまった」

「相手が黙り込んでしまって、気まずい状態で終わってしまった」

そんなとき、聴き手の中では何が起こっているのでしょうか。

話し手にＢｅ・ｉｎｇがあるのと同様に、聴き手にもＢｅ・ｉｎｇがあります。そして、聴き手自身のＢｅ・ｉｎｇの根底には、自分の価値観や認知、思考、感情、さらにさまざまなニーズやモノの見方などがあります。相手の話を聴くことばかりに集中してそのことを意識していないと、聴き手自身の根底にあるものが働きだし、相手の感じ方や考え方を主役にして聴くことを妨げてしまうのです。

詳しくはこれからの章で述べていきますが、せっかくＢｅ・ｉｎｇとして聴こうとしてもうまくいかないとしたら、そのときは自分というＢｅ・ｉｎｇを見つめ直してみてください。それによって相手のＢｅ・ｉｎｇへの理解も高まり、「なぜこんなことを言うのだろう？」と今まで理解しきれなかったことがより深く理解できるようになり、柔軟に対応できるようになります。その結果、これまで苦手だと思っていた相手の話でもうまく聴けるようになるでしょう。

すでにきき方に関する本は数多く出版されていますが、本書の目的はＢｅｉｎｇとして聴くことの意味と実践法をお伝えすることです。それによって、自分の考えや気持ちを安心して発信できる、話すことができる心理的安全性のある場をつくるお手伝いをすることです。

1
章

聴くために必要な準備

言葉にならない言葉に気づく

思えば、私が「聴く」ことの大切さを実感し、聴くことに目を向けはじめたのは、ANAに勤務していたときに大きな病気になったことが一つのきっかけになったように思います。当時の私はANAが国際線に進出したのをきっかけに第一陣として成田空港支店に配属となり、一つの班をグループコーディネーターとして任されるようになりました。そこで、他の職員と一丸となって新しい組織作りに取り組んでいました。

そんな私にある日突然、激しい足の痛みが襲ったのです。慌てて専門の病院を受診したところ直ぐに入院し手術しなければ歩けなくなると言われ愕然としました。不思議なことに痛みは直ぐに治まってしまったため、尚更私にとっては信じられず、なかなか手術の決断がつきませんでした。

その決断を鈍らせたもう一つの理由は、先生から言われた「もう客室乗務員としての復帰は無理だよ」という言葉でした。なかなか上司にそのことを言えず、悶々としていたときに、上司から「牛島、何か話したいことがあるんじゃないか？」と声を掛けられたのです。上司は私の様子をしっかりと観察しており、何か様子が変だと感じ取ってくれていたのです。思わず「大丈夫です」と言ったものの、黙って見ている上司に、とうとう本当のことを打ち明けることとなりました。

医者から言われた病気の状況のこと、任された班を放置して入院することに対する心配や不安、そして何よりも心に突き刺さっていた「もう客室乗務員の復帰は無理かもしれない」と言われたという私の言葉を黙って聴いてくれていた上司は、私が話し終わると「早く入院して治してこい」「待っているから絶対に帰ってこい」と言ってくれたのです。

5カ月に渡る入院生活と1年間のリハビリは、思った以上に厳しいものでした。でも上司の「絶対に戻ってこい」という言葉と、私を元気づけようと病室でピザまで焼いてくれたり（病院には内緒でしたが）、頻繁に見舞いに通ってくれたりした大切な仲間たちのサポートがあったからこそ、何とか乗り越えることができ、そして先生も驚くほどの回復を遂げたのです。

無事に客室乗務員として復帰することができた最初のフライトはパリ行きでした。パリから病院でお世話になった看護師の皆さんに送った絵葉書には、「私も人の心に寄り添えるようになりたい」と記載したことを覚えています。以来、私は以前から興味があった心理学を本格的に学びだしたのです。

私が『ＮＰＯ法人ハッピーステージ』を立ち上げるきっかけになったのも、このエピソードがあったからです。ハッピーステージの理念は「みんなの元気をサポートしたい」です。なぜなら私自身、さまざまな方にサポートしてもらいここまでくることができたからでした。特にあのときの上司が静かに私の話を聴いてくれたこと、そして「待っているから戻ってこい」と言ってくれた言葉が、まさに本書のテーマである「Ｂｅｉｎｇとして聴く」ことの出発点になっています。

「きく」には三つの漢字がある

私たちは日常的に「きく」ことをしています。しかし、相手の言いたいことをどれだけきいているかと問われたら、はっきりと答えにくいと思います。たとえば「私の話、きいてる?」「うん、きいているよ」「本当に、ちゃんときいてくれてる?」なんてやり取りはよくあることです。

当然のことですが、話し手が「私の話をきいていますか?」とききたくなるのは、相手に話を「きいてもらえていない」と感じるからです。それに対して、きき手が「うん、きいているよ」と答えるのは、自分なりには、きいているつもりだからです。そもそも、ここでのやり取りで両者の「きく」は一致しているでしょうか。

プロローグでも述べましたが、コミュニケーションにおける「きく」には3つのきき方があります。一般的にもっともよく目にする「きく」の漢字は「聞く」ですが、「聴く」と「訊く」もあります。これら三つの漢字にどんな違いがあるのか、漢字の成り立ちを見ながら考えてみます。

「聞く」これは、自然に音や声が耳に入ってくる、受け身の状態でのきくことです。そのため気をつけないと、ときには聞き流してしまうこともあります。

「聴く」これは、より能動的に相手を理解しようときくことです。相手が何を表現しようとしているのかに集中して、注意深くきこうとします。

「訊く」これは、わからないことを問いかけながら客観的にきくことです。この漢字を辞書で調べると「尋ねる」という意味も含まれていますから、相手が語っていないことまで理解しようという姿勢もあります。

あなたは普段どの「きき方」をしていることが多いですか。たとえば、先ほどの会話を書き換えてみますと、

「私の話を聴いていますか?」(ちゃんと理解してくれていますか?)

「うん、聞いているよ」(言っていることは聞いているよ)

「本当にちゃんと聴いてくれていますか?」(私の言いたいことを本当にわかっています

か？）

となります。ですから、お互いの「きく」のイメージが違ってしまうと、こちらは聴いているつもりでも、相手にとっては聴いてくれていないと感じさせてしまうこともあるのです。

コミュニケーションはキャッチボール

円滑なコミュニケーションをするには「言葉のキャッチボールが大切である」といわれます。このキャッチボールでは、「話す」ことは言葉のボールを投げることであり、「きく」ことはその言葉のボールを受け取ることです。

普通のボールならば、投げる側にとっても受け取る側にとっても同じボールですが、言葉のボールの場合は違ってきます。投げる側（話し手）が言葉に込めている意味と、受け取る側（きき手）が理解する意味は必ずしも同じとはかぎらないからです。

そのギャップが少ないほどコミュニケーションはスムーズになりますが、そのほかに、きき手が話し手の言葉をより能動的に理解しようとすることもとても大切になります。そのために必要なのが、本書のテーマである「Ｂｅｉｎｇとして聴く」ことです。

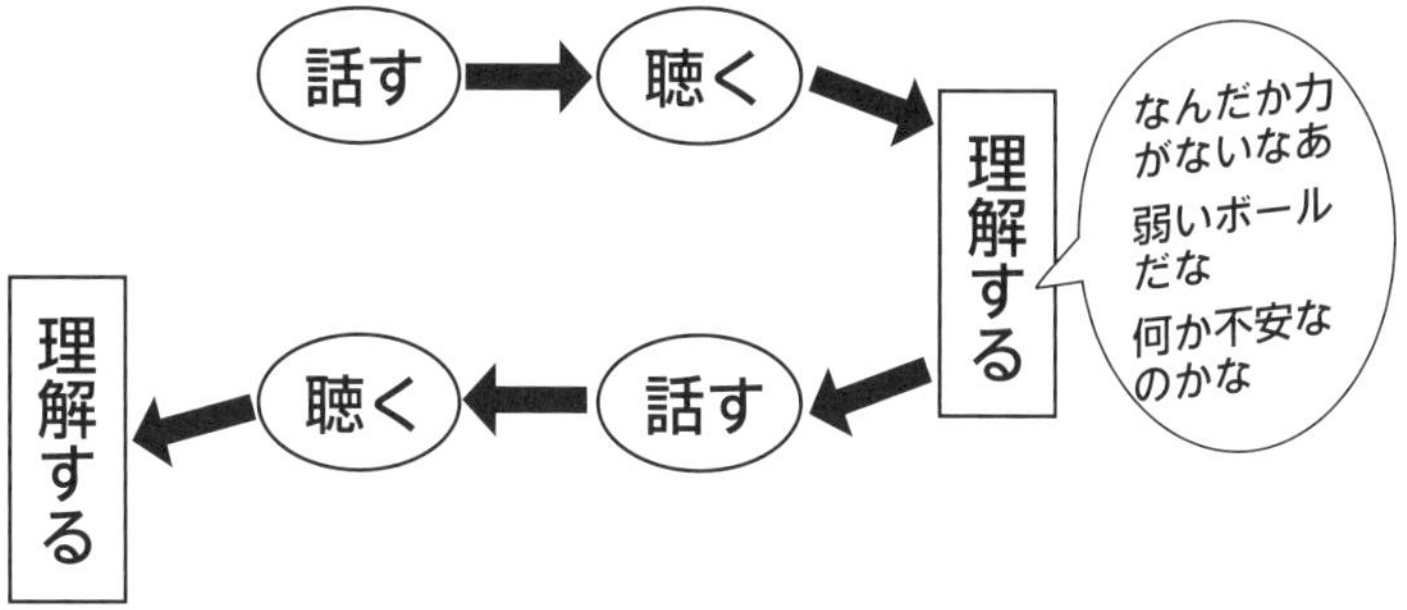

図1　コミュニケーションはキャッチボール（このくり返しの中で相互理解が深まる）

相手の気持ちや考えに寄り添いながら、言葉の響きやその中に込められている意味に意識を向けて聴き、相手の心に届く言葉を投げ返します。そのように言葉をしっかりキャッチボールすることが良好なコミュニケーションを可能にし、相互理解を深めます。

ところが実際には、意外に「聞く」ことをやっていることが多いのではないでしょうか。キャッチボールでいえば、なんとなくボールが来たなあと思いつつ受けとり、返すことはしない状態です。これでは、そもそもキャッチボールになっていませんし、いわゆる「聞き流してしまう」状態です。

あるいは、とりあえず言葉のボールは受け取るけれども、そこにある話し手の気持ちまでは理解しようとせず、なんとなく言葉のボールを返しているだけということもあります。言葉はやり取りしているが、気持ちが通い合わない状態です。

日常的には、このような聞き方になっている場面が意外に多いのではないでしょうか。たとえば自宅で、自分が観たいテレビに集中しているとき家族からいろいろと話しかけられて「ああ、そうなんだ」となんとなく反応しているのは、聞き流しているだけの状態です。あるいは職場において、上司自身が忙しく、別のことに気を取られているときに部下から何か言われても、無意識に聞いているだけで、後からまったく話を覚えていないことに気づき、確認しなければならなくなるなんてこともあるかもしれません。

もう一度聞き直せばいいことかもしれませんが、話し手にとっては、自分の話を聴いていないことが態度や表情、反応の仕方などからわかってしまいます。その結果、「あの人はちゃんと話を聴いてくれない人だ」と話す意欲を失ってしまうかもしれませんし、モチベーションダウンにつながるかもしれません。

そして何よりも信頼関係が揺らいでしまうかもしれません。その信頼関係を回復するエネルギーを考えたら、普段から「聴く」をベースにした言葉のキャッチボールを心がけるほうがずっと効果的だといえます。

耳と目と心で聴く

相手をより能動的に理解する「聴く」ことについて、もっと具体的に考えてみます。「聴く」という漢字を分解すると、「耳」と「目」と「心」で構成されています。このことから「聴く」について考えてみます。

耳は、相手の言葉をしっかりキャッチします。そして言葉以外に声のトーンや強弱、間、スピード、イントネーションなどもとらえています。

目は、相手の表情、目線、態度、姿勢、動作、ジェスチャーなどを視覚情報としてキャッチしています。

心は耳や目から入ってきた情報とともに、そこに含まれている思いや考えを理解しようとします。そのときに大切なのは、思い込みや先入観を排除し、心を真っ白にして聴くことです。

このように「聴く」とは、耳と目と心の働きを上手に使って相手の言葉を受け取ることなのです。特にコミュニケーションにおいて、この「聴く」がとても重要な役割を果たします。

コミュニケーションでのやり取りは、主に言語と非言語という二つで行われます。それが「言語的コミュニケーション」と「非言語的コミュニケーション」です。

「言語」とは言葉そのもので表現される内容です。一方、「非言語」とは表情や態度、目線、姿勢、動作などの視覚情報と、声のトーンや強弱、スピードや間、イントネーションなどの聴覚情報です。

私たちは、何かを表現するとき、言葉そのものだけで語っているわけではなく、本人すら気づかないうちに無意識の感情を非言語で語っていることが多いのです。聴き手としては、それを観ることが相手を理解するためにとても重要なのです。

たとえば新しい仕事をはじめようとしている後輩に、あなたが「頑張ってね」と声を掛けたとします。そのとき、にっこりと笑ってあなたの眼を見ながら「頑張ります！」と応えたら、きっとホッとするのではないでしょうか。しかし、俯いて小さな声で「頑張ります」と応えたらいかがですか。「本当に大丈夫なのだろうか？」と不安になるかもしれません。

言葉では「大丈夫」と言っていても、声のトーンや話し方、目線や表情などの非言語が別のことを語っているとしたら（言語と非言語の不一致があるとしたら）、それをしっかり受け止めるのが「聴く」ことになるのです。

その結果、「大丈夫と言っているけど、私には少し不安そうに見えるよ。何か気になっていることがあるの？」というやり取りをすることもできます。さらに相手の本音や、自分でも意識していなかった心の奥に潜んでいる気持ちを引き出すことができるかもしれません。

ところが私たちは、そうした言語と非言語の不一致に気づいても見過ごしてしまうことがあります。たとえば「いつもAさんはこんなふうに不安そうにしているから、今回もそうなんだろう」と考えたり、「不安そうに見えるのは気のせいだろう」と思い込んだりします。こうしたことを防ぐには、耳と目と心で聴くことがとても大事なのです。

心の中に空のコップを準備する

先ほど、聴くの「心」に関するところで、心を真っ白にして聴くと述べましたが、私はそれを「空のコップで聴く」と表現しています。

自分の心の中に、心のコップがあると想像してみてください。そのコップには自分の考えや意見、要望、大切にしたいことなどが入っています。もちろん、相手の心のコップにも相手の考えや意見、要望、大切にしたいことなどが入っています。

たいていは、この状態でコミュニケーションがはじまります。たとえば、もしあなたが次頁の図2の①のように、何も意識をしないまま自分の考えを相手のコップに入れようとしたらどうでしょう。もし相手のコップが自分のことで一杯になっていたら、そこにあなたのコップの中身を入れようとすると溢れてしまいます。そのため、相手は聞き流してしまうでしょう。それでも無理やり相手のコップにあなたのコップの中身を入れようとすると、相手は自分のコップが溢れないように「でも……」「だって……」と言って拒むかもしれません。

逆に、あなたのコップが満杯の状態で②のように相手の話をきこうとしたらどうでしょうか。あなたのコップはあなたの考えや言いたいことで一杯なので、相手の言いたいことは入りにくい状態になっています。特に、相手の言いたいことがあなたの考えと違う意見であるほど、なおさらあなたのコップには入りにくくなります。結果として、あなたは相手の話を聞き流したり、「それは違うよ」と否定したくなったりするかもしれません。

多くの場合、互いのコップは満杯になっていますが、そのような状態で、コミュニケーションをうまく行うにはどうすればよいのでしょうか。

もちろん、相手のコップの中身を減らすことは難しいと思います。かといって、あなたのコップの中身を消去するということではありません。あなたのコップの中身は、それは

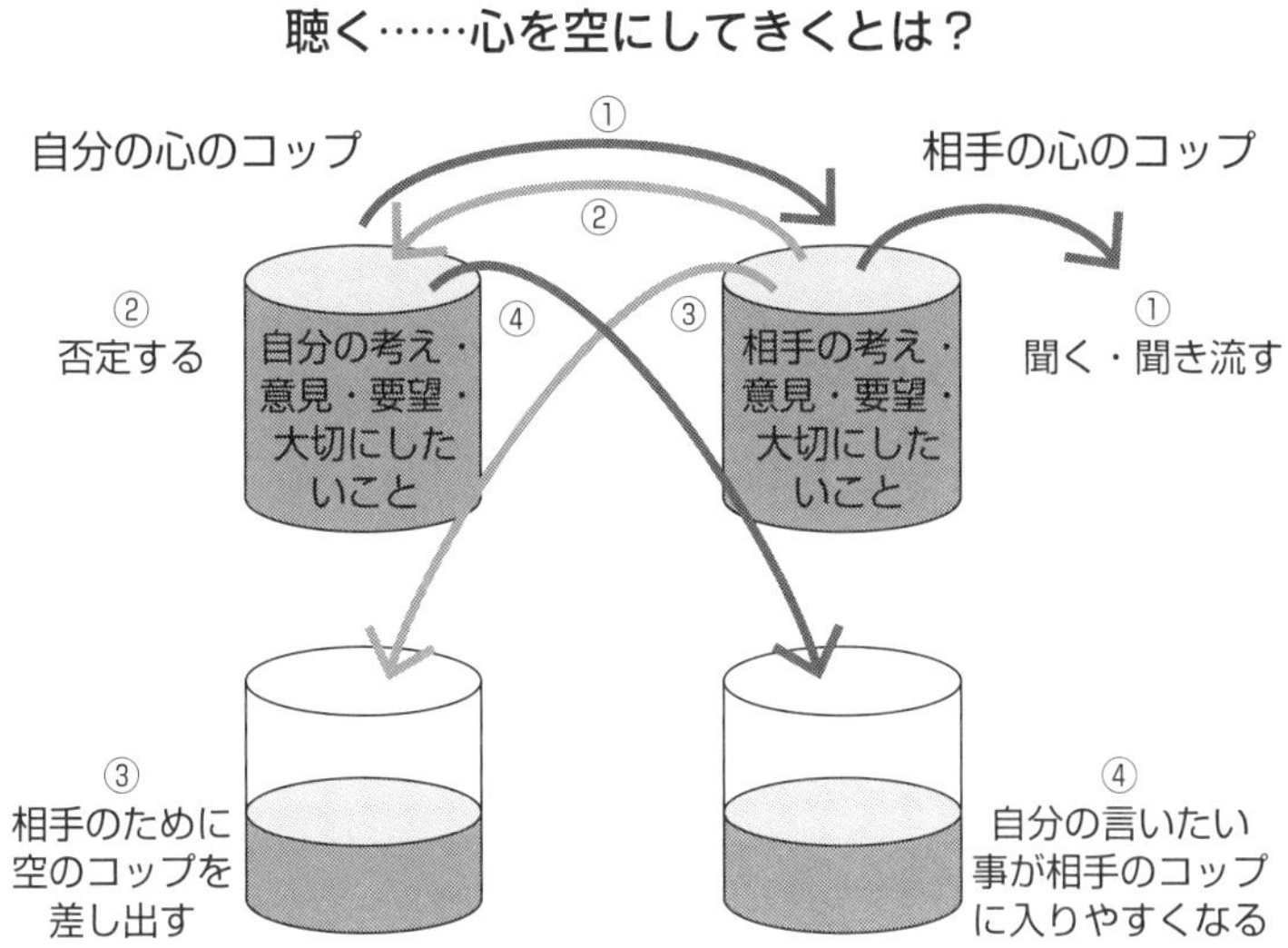

図2　空のコップで聴く

それで大切なものです。そのため自分のコップをいったん脇に置いて、相手のために空のコップをもう一つ用意するのです。そうすることで、相手の言いたいことを入れる準備をします。

別の言い方をすれば、あなたの考えなどをいったん脇に置き、相手の言いたいことがあなたの考えと違っていてもそのまま受け止める隙間をあなたの心の中に準備するということです。

私の研修で、実際に自分の心の中にもう一つ空のコップがあるとイメージしてくださいと説明すると、皆さん、この説明のほうがわかりやすいと納得されます。

そして、実際に空のコップで相手の考えを受け入れるつもりで話を聴いていると、

「ああ、自分とは考えが違うが、この人はこんなふうに考えているのだなあ……、こんなことを大切にしたいのだなあ……」と受け止めやすいといいます。

相手が聴き手に自分の話を「受け止めてもらえた」と感じると、相手のコップの水が減り、④のように聴き手の言いたいことを受け止めることができるようになります。こうして言葉のキャッチボールが成立するのです。

ここで、実際の職場の例を挙げてみます。ある女性からこんなお話を聴きました。この方は、「職場の雰囲気がずっと嫌だったので、異動したいと直属の上司に相談した」と言います。実際には異動したいと伝えたものの、本当の気持ちは言えず、「カウンセリングの仕事に転職をしたい」と相談したそうです。

しかし上司からは「そんなにカウンセリングの仕事がしたいなら、なんで僕に言ってくるの？　他に相談したら？」と言われてしまい、まったく自分の話を聴いてもらえている気がしなかったというのです。

その後しばらくして別の上司に相談したところ、その方は彼女の話をしっかりと聴いたうえで「異動したいと思わせてしまう何かがあったんだね」と言ってくれたそうです。カウンセリングの仕事をしたいという言葉の裏に何かがあると感じて、しっかりと話を聴いてもらえたことで、異動したいという彼女の本音が引き出されたのでしょう。

彼女はそのとき、「この上司は私のことを理解しようとしてくれている」と心から感じたといいます。そのことで、異動したいという自分の希望が叶うかどうかよりも、「この人は理解してくれた」と思うことができたので、今の職場でまた頑張ろうと思えたと語っていました。

彼女は職場で中心的な存在として働いていたようなので、直属の上司としては、頼りにしてきた部下に裏切られたような気持ちになったのかもしれません。あるいは、「異動されたら困るので引き留めたい」などという思いが湧き出てきたのかもしれません。

彼女の話を「聴いて」くれた別の上司も、立場上、直属の上司と同じような考えがあったかもしれませんが、自分の言いたいことをちょっと脇に置き、空のコップを準備して、言葉の裏にどんな気持ちがあるのか理解しようとしながら彼女の言葉を聴いたのだと思います。

その結果、彼女にも余裕が生まれ、相手の言葉を聴こうと思えたのでしょう。さらに、こんな上司もいるなら、これからも頑張れると思ったのだと思います。

話すこと、聴くことで考えが整理されていく

私は講座の中で「聴くことは、相手の頭の中でもつれた糸を一本一本引き出していくようなもの」と伝えることもあります。

自分の頭の中で考えているだけではなかなか整理がつかないことも、言語化して少しずつ相手に話すことで、考えのもつれがほぐれて整理され、より深く自分自身を理解できることがあります。

コーチングの分野では「オートクラインの法則」ともいわれますが、話し手は話をしながら、自分の言葉を自分でもくり返し聴いています。それによって、話し手は自分の言葉を反芻し、自己理解するというサイクルが回りだすのです。

心理療法の一つ『フォーカシング』の創始者であるユージン・ジェンドリンは、彼の『体験過程理論』の中で、「人が体験していることは、言葉に表すことで変化していく」と述べています。

私たちの日々の体験そのものは言葉になっていないし、言葉にすることもなかなかでき

ていません。それをあえて言葉にして表現したとき、言葉と体験が相互に影響し合って変化が起こってくるというのです。

たとえば誰かの話を聴いているとき、「相手の話が段々変わっていく」「最初に言っていたことと違うことを言っている」と感じたことはありませんか。私が実施している研修や講座の中でも同様のことが起こります。多くの方はそれを好ましいことだと思っておらず、「話がだんだんズレていく」と感じています。

しかしこれは、じつは当たり前のことなのです。話し手は、自分の体験を言葉にして表現しながら、その言葉を自分でも聴いていますし、相手から返ってくる言葉も聴いています。そのなかで自分の体験を再吟味し修正しているのです。

話し手であるAさんが「今日は、なんだか疲れているな～」とこぼしたとします。それに対して聴き手であるBさんが「そうか、今日は疲れてるんだね」と返します。そんな自分の言葉や相手の言葉を聴きながら、Aさんは「あれ、でももしかしたら疲れているのではなくて、さっきの上司の対応にがっかりしたから、疲れたと感じているのかもなあ……」と、自分の体験を再吟味して修正していきます。言葉と体験が相互作用しているのです。

その過程で、人は新たな何かに気づき、学びながら成長していきます。ここにこそ、聴くことの本当の効果があります。

空のコップを準備できないわけ

プロローグでも少しふれましたが、私は『NPO法人ハッピーステージ』という団体で「聴き方マスター検定講座」を開催して14年以上になります。あるとき、その講座の中で空のコップの話をしていたら、「どうしても、空のコップが作れない」と言われるビジネスマンの方がいらっしゃいました。理屈では理解できても、実際には自分の心の中に空のコップを作るのは難しいというのです。

「相手の話をきいているとき、ご自分の中で何が起こっていると思いますか？」と訊いてみると、「頭の中に自分の言いたいことが溢れ、それで自分の心のコップがいっぱいになってしまうので、空のコップを作る余地がありません」とおっしゃいます。

空のコップが作れない要因はいくつかありますが、その一つとして「話したい」「わからせたい」「教えたい」「説得したい」といった欲求が出すぎてコントロールできなくなることが考えられます。じつは、空のコップを作るには「聴く」準備をするところからはじめる必要があるのです。

私自身は講師であると同時に、心理カウンセラーやキャリアカウンセラーでもあり、いわば聴くことのプロともいえる立場ですが、それでも常に相手の話をしっかりと聴けているとはかぎりません。相手に寄り添って真剣に聴くにはかなりのエネルギーが必要であり、そのためにはそれなりの準備が必要なのです。

たとえば、私のドイツ人の友人は「私の auditory set を耳にセットする」という言い方を使って、自分自身を聴く状態にシフトしています。「auditory」とは「聴覚性の」とか「聴覚作用の」という意味ですが、「聴くためのヘッドセットをつける」というイメージです。それによって自分の「聴くスイッチ」をオンにしているというのです。

相手の話をしっかりと「聴く」ということは、話し手と聴き手が大切な人間関係に入ることでもあります。そのためにも、自分自身を聴く状態にシフトする必要があるのです。私はそのことを「自分のギアをスローにシフトして心の準備をしましょう」と伝えています。

ここでいう「ギア」とは、自分が会話を進めるスピード調整機能です。「聴く」前の会話のギアが「急げ」になっていたら、どうしても先を急いで自分が伝えたいことを言いたくなりますし、結論を早く出したくなってしまいます。それでは、相手の話をしっかり聴くことは叶いません。まずは聴き手が「ギアをスローにする」ことが必要なのです。

先ほど、空のコップがうまく作れないという男性の話をしましたが、その後の実習で「空のコップを作れました」とおっしゃったのです。何が起こったのか伺うと「バックトラックをしていたら作れました」と言います。

バックトラックとは、コーチングや聴き方の手法として出てくる「言葉のくり返し」や「オウム返し」を表す用語です。その男性は実習の中でこのバックトラックを実践し、相手が言った言葉を「〜なのですね」とくり返しました。すると自分のギアがスローに切り替わり、心の中で溢れそうになっていた「言いたいこと」が落ち着き、空のコップをイメージすることができたというのです。

自分のコップの中身をコントロールする

空のコップを準備して話を聴いていても、時間が経つにつれて自分の考えが頭をもたげてくることがあります。特に効率化、迅速化が求められる昨今、聴きはじめはじっくり聴いていても、時間が気になってきて、Ｂｅｉｎｇとして聴くより、Ｄｏｉｎｇとして聞くほうに傾きやすいのです。

じつは、それは時間の影響だけではありません。相手の言葉に刺激されて、脇に置いた自分の考えが頭をもたげてくるからです。

相手の考えや思いに寄り添って理解しようとするのがＢｅｉｎｇとして聴くことであるとお伝えしましたが、相手の言葉を聴いているうちに、油断するとＤｏｉｎｇとして聞くほうが前面に出てしまうのです。いつの間にか気づかずに自分が主役の聞き方になってしまうのです。

それを防ぐには、自分のコップの中身、自分の心の根底にある考えや思いの傾向を知りコントロールできるようにしておくことも大切です。

ここまで、聴くことの基本に何があるか、聴くための準備として何が必要かを述べてきましたが、２章では、何が話を聴くことを妨げているのか、聴き手の中では何が起きているのかをさらに具体的にみていくことにします。

2
章

何が聴くことを妨げるのか

皆さんは、こんな体験がありませんか。

相手の話を聴いているつもりだったのに、気づいたら「あれ、何を話していたのだろう?」とハッと我に返る。

熱心に聴いたつもりなのに、相手は「この人、話を聴いてくれていない」と感じてしまう。

こんなとき、私たちの内面ではいったい何が起こっているのでしょうか。

思考が聴くことを邪魔する

相手の話を聴いているとき、私たちの頭の中にはいろいろな思考が湧き出します。それが自分に向かうと聴くことを邪魔してしまうのです。

私が実施している『聴き方マスター講座』ではグループに分かれ、聴くことについて自分自身が大切にしていることを話し合ってもらう機会を設けています。相手の話をどれだけ聴けているかを確認することが目的なので、終わってから誰が何を言っていたのか思い出してもらうと、ほとんどの方は相手の話を半分も聴けていないことが多いのです。

聴き方を学ぼうとする皆さんですから、相手の話を熱心に聴いているはずなのに、どうしてこのようなことが起こるのでしょうか。その間、頭の中では何が起こっていたのでしょうか。

そのために皆さんが話を聴いていたときのことを振り返っていただくと、いちばん多いのが「何を言おうかと考えていた」です。そのときの聴き手の耳はオフモードになり、相手の話をほとんど聴いていなかったのです。

たとえば、あなたは今研修に参加していて、10人のグループのメンバーの1人だとします。講師が、前から順番に自己紹介をしてくださいと言います。あなたの順番は5番目で、徐々に自分の番が近づいてきて、今は自分の前の人が自己紹介をしています。このような状況で、あなたは前の人の言葉にしっかりと耳を傾けることができるでしょうか。

実際の研修で、同じことを行ってみると、自分の前の人の自己紹介はほとんど覚えていないという方が本当に多いのです。いちばんの理由は「自分が何を話すか考えていた」からです。このことを見ても、自分に向かって思考が働き出すと相手の話が聴けなくなることがよくわかります。

私たちの思考はいったんはじまると、本当にいろいろなところに彷徨《さまよ》いだします。たとえば相手の話を聴きながら時間が気になりはじめると、「あ、時間がもうないなあ」「ここで聴くのをやめると話が途中になってしまうかなあ」「熱心に話しているのを遮ると悪いかな」など、いろいろな考えが浮かんできます。これでは、相手の話は耳に入ってきませんし、ほとんど記憶にも残りません。

相手の話がきっかけで「そういえばA君も同じようなことを言っていたけど、あのときは……」などと考えだしてしまうと、相手から意識が離れてしまい、相手の話を聴けなくなります。

研修のなかでもよく出てくるのは「何を質問しようかと考えていて、話がよく聴けていなかった」というものです。自分にも思い当たることがあるという方は意外に多いのではないでしょうか。

このように自分に向かう思考が動き出すと、相手の話が頭に入ってきにくくなるのです。ですから相手の話に集中するには、できるだけ思考が自分に向かうのを減らすことです（その具体的な方法については後程述べることといたします）。

人は興味のあることのみを聴こうとする

もう一つ聴くのを妨げるのが「興味があることだけを聴こうとする」傾向です。たとえば、あなたが「そろそろ新しい冬もののジャケットが欲しいなあ」と思いながら街を歩いているときに素敵なジャケットを着た人とすれ違ったら、その人のジャケットだけが他のものよりも目立って目に入るなんてことはありませんか。

そのとき、一緒に歩いている友人から「今の人、俳優の○○さんに似てたよね」などと言われても、自分の意識はジャケットに向かっているので相手の顔はまったく記憶にないでしょう。

または、一度読んだ本と同じものをもう一度読み返してみたとき、最初に読んだときには気に留めなかったことに引き付けられ、「あれ、こんなこと書いてあったんだ」と気づくことがあります。

このようなことが起こるのは、同じ本を読んでいても、最初と二回目では自分の興味が違っているからです。そのときに興味のある情報のみを掬《すく》い取り、それ以外は無意識にスルーしているのです。

このことは脳の働きを見ると納得できます。私たちはさまざまな情報を目や耳から取り入れていますが、それを実際に受け取っているのは脳です。

日々膨大な情報を受け取っている脳にとって、目や耳から入る情報の全てを受け取って処理しようとすると、非常に大きな負荷がかかります。そこで脳は、全ての情報を取り込むのではなく、興味のあるものを選択して受け取っているのです。これは聴くことでも似たようなことが起こります。

ですから、相手の話を聴く場合も、相手のどこに興味を持って聴こうとするかで、キャッチする内容は違ってきます。先述した『聴き方マスター講座』で「聴くことに関して自分が大切にしていること」を話してもらったときも、しっかりと記憶に残っていたのは、自分が共感を持てたことや、自分と同じ意見だったこと、逆に自分とは違う意見でなるほどと思ったことなど、興味を持てたことです。その一方で、興味がなかったことはほとんど思い出せませんでした。

自分の興味と相手の興味の違い

このように聴き手の脳は興味のある情報を選択して受け取ろうとしますが、これに関連してもう一つ大切なことがあります。それは、聴き手が話し手に対して興味を持っていることと、話し手自身が自分に対して興味を持っていることは違っているかもしれないということです。

これがコミュニケーションを阻害するとても大きな要因になることも多いのです。

たとえば、あなたがAという商品をおすすめしたいと思いながら、お客様の現状を伺っているとします。そのとき、Aという商品がフィットしそうな情報については感度が高くなり、しっかり聴くことができるのではないでしょうか。しかし、一見Aという商品に関係がなさそうな情報にはどうでしょうか。もしかしたら「話がズレた」と思い、Aという商品につながる情報に水を向けようとするかもしれません。

相手が勘違いをして話がズレている場合もあるかもしれませんが、相手が本当に話したいことは、あなたが「話がズレた」と感じているところにあるかもしれないのです。ですから、聴くために大切なのは、自分の聴きたい興味に意識を向けるのではなく、相手が話したい興味に意識をしっかり向けることです。

私が実施している提案力強化のためのシミュレーション研修でも、自分の興味あることに関心を向けすぎると、顧客の真のニーズが把握しづらくなるケースがとても多いのです。自分たちの興味がある仮説に関連する情報は敏感にキャッチできるのに、関連しないと思ってしまうと、その情報が顧客にとっては大切なのに、あっけないほどにキャッチしないまま取りこぼしてしまいます。

これは、部下を育成するなかでも起こってきます。上司に「異動したい」と申し出た女性の例を挙げましたが、この女性が本当に言いたかったことはカウンセリングという新しい仕事にあったのではなく、「職場の雰囲気が悪い。居心地が悪いから異動したい」ということにあったのです。

ところが、上司の関心が「カウンセリングという新しい仕事をやりたい」に向いてしまったため、「では、その仕事をするためにはどうするのか？」に話が流れてしまったのです。

このようなことは、上司が部下に話をする場合にも起こります。上司であるあなたが自分の話をしっかりと部下に聴いてもらいたいと思ったら、まずは部下の興味をあなたに向かわせる必要があります。

たとえば雑談などをして相手が興味を持ちそうな話からスタートすると、部下の興味が自分に向かう可能性が高まり、そのあと上司が話すことにも興味を持って聴いてもらうことにつながりやすくなります。

興味の向け方には傾向性がある

興味についてもう一つ注意することがあります。それは、私たちの「興味の向け方には、人それぞれに傾向性がある」ということです。たとえば職場においても、仕事をどのように進めるのか手順に興味がある、手順よりもスケジュールに興味がある、細かいことは気にせず最終的にどこまでやるのかゴールに興味があるなど、興味の向け方には傾向性があります。

「興味がある」とは意識がそちらに向きやすい、つまり「気になる」ということでもあります。たとえば上司がある部下の雑な行動が気になり、そのことに意識が向いて見ているとします。じつは、この上司はこの部下のことだけでなく、雑な行動に意識が向きやすい傾向があり、他の部下の雑なところにも目にいってしまいます。しかし、部下のポジティブな行動や、ちょっとした気遣いなどは気づきません。

私が長年学んできたＮＬＰ（神経言語プログラミング）の先生であるジョセフ・オコナー氏の著書の中にもこんな言葉があります。

「もしあなたが世の中の美点を探して歩けば、美点が見つかるであろう。また欠点を求めれば、欠点が見つかるだろう。アラビアの格言にあるように『パンの一かけがどう見えるかは、あなたが腹ペコかどうかで決まる』のである」

自分の興味の向け方で、得られる情報はまったく違ってくるし、その情報の見え方も変わってきます。ですから相手を理解する聴き方をするには、自分自身の興味の向け方の傾向性を知って自分本位な興味に偏らないようにすることが大切です。

そのうえで、「相手が話したいことは何か」「相手の興味は今どこに向いているのか」に意識を向けていけば、相手の興味に寄り添った聴き方ができる可能性が高くなります。

思い込みが起こる最初の段階

相手の話をしっかりと聴いているつもりなのに、なぜか相手の意図とは違う理解をしてしまっていることに気づき、「あれ、こんなはずじゃなかったのに」と思った経験はありませんか。

そんな行き違いが起こる要因の一つは「思い込みの罠」にあります。私たちはいつの間にか、相手の話をわかったつもりになるという「思い込みの罠」に引っ掛かりやすいのです。なぜ、そんなことが起こると思いますか。

これから私が語るストーリーを読んで、頭の中にどんな映像が思い浮かぶでしょうか。

「私は海の近くで生まれ育ちました。そのため、風の強い日などは波の音が聞こえ、窓からは磯の匂いが入ってきます。そして夜には灯台のボーっという音が聞こえてきます。

一緒に暮らしている家族は犬が大好きで、私が子どものころから犬を飼っていました。その世話役は長女である私の担当でした。そのため、学校が休みの日はよく犬を連れて海まで散歩に行きました。海に着いて首輪を外してあげると、犬は嬉しそうに浜辺を走り回ります。私も一緒になって浜辺を走り回りました。そんな子どものころの思い出があります」

いかがですか。頭の中に思い浮かんだ映像は海ですか？　犬ですか？　子どものころの私ですか？　それとも三つとも？　海だとしたらどんな海ですか？　犬だとしたらどんな犬ですか？　子どものころの私だとしたら何歳くらいのどんな子どもですか？

この質問を講座の中で行いますと、とても面白いことが起こります。全員が同じ話を聴いたはずなのに、それぞれの方でかなり受け取る情報が違っているのです。海の映像が思い浮かんだ方もいれば、犬の映像が思い浮かんだ方、子どものころの私の映像が思い浮かんだ方……。なかには三つとも映像が思い浮かんだ方もいます。そして、誰一人としてまったく同じ映像（つまりは同じ海や犬）を浮かべている人はいないのです。

先に述べたとおり、私たちは自分の興味が向いたものを聴こうとします。そして自分の興味が向いたものが「相手の話したいこと」だと無意識に思い込んでしまい、そちらに向かって話を掘り下げようとしてしまうのです。そのことが最初の段階で起こる思い込みと関係しているのだと思われます。

たとえば、自分が犬を思い浮かべた人は、無意識に「この人は犬のことを話したいのだ」と思い、さらには「犬が好きなんだ」と思い込むかもしれません。しかし私が本当に話したかったことは犬の話とは限らないのです。

思い込みが膨らむ次の段階

こうして生まれた思い込みはそのままではなく、興味の強さに応じて勝手にどんどん膨らんでいきます。たとえば、先ほどの話に出てくる「犬」に興味を持った方たちに、犬種について尋ねると、ある方はゴールデンレトリバーと言い、ある方は柴犬と言い、ある方はチワワと言います。さらに、犬の大きさを尋ねると大型から中型、小型とさまざまです。

そこで私が、「実際に飼っていた犬は皆さんがイメージした犬ではないですよ」と飼っていた犬の話をしますと、まったく外れていることに驚かれます。

私が語ったストーリーには犬という表現しかありませんが、海辺を走り回っているという話を聴いて、たとえば過去に見たことがあるゴールデンリトリバーが走り回っている映像を思い浮かべ、きっとこんな犬だったのではないかとイメージを膨らませたのかもしれません。これが第二の思い込みを生みます。

どうしてこのようなことが起こるのでしょうか。それは、私が犬についてとても曖昧な表現しかしていないからです。子どもの私がその犬を好きだったかどうかも語っていませんし、その犬の種類や形状に関する情報も語っていません。

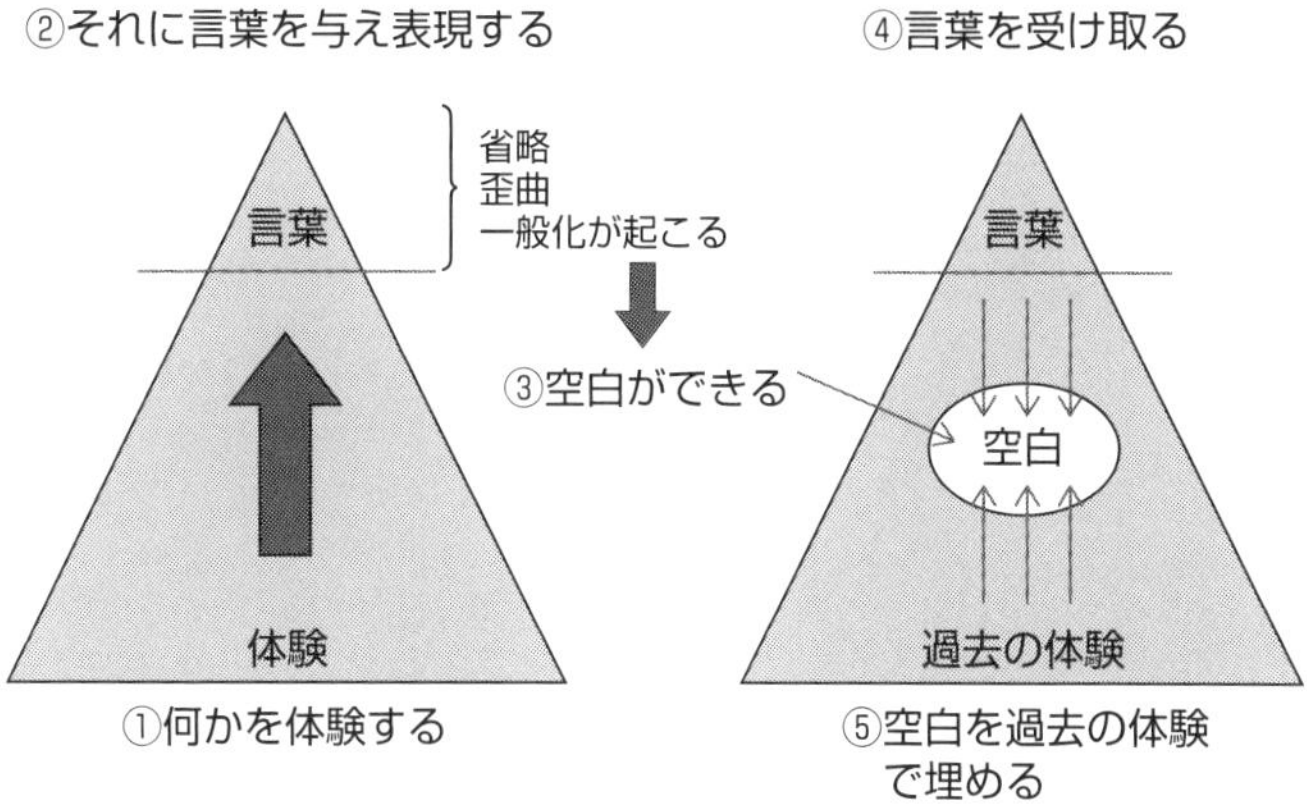

図3　思い込みが起こる流れ

このような場合、人間の脳は欠落している情報を、これまでに見たり聞いたり体験したりしてきた過去の情報を使って埋めようとします。

図3を見ながら説明をします。

①まず、話し手が何かを体験します。

②それに言葉を与えて表現し他者に伝えようとするとき、自分の体験の全てを言葉にして表現することはできないため、何かを省略したり、自分なりの捉え方にしたりして表現を一般化して伝えようとします。

③そのために情報の欠落（空白）が生まれます。たとえば、先ほどの例で説明をしますと、犬とだけ語られていて、どんな犬かは情報が欠落しています（空白になっています）。

④聴き手の脳は、その空白が残されたまま情報を受け取ります。

⑤聴き手の脳は、その空白を嫌い、自分の過去の体験で空白を埋めようとします。

このとき、思い込みが膨らんでいくのです。

ところが私たちは、自分の中で思い込みが発生していることや、それがさらに膨らんでいることにはなかなか気づきません。なぜなら、脳の中ではこうしたことがほとんど無意識に行われているからです。

さらに面倒なのは、他の人たちも同じように思っていると考えてしまい、詳しい説明を省いてしまうのです。先ほどのストーリーでいえば、話し手は自分が飼っていた犬について聴き手も自分と同じイメージを持っていると思い込み、聴き手は話し手と同じイメージを持っていると思い込んでしまいやすいのです。

コミュニケーションには、このように聴き手のなかで起こる思い込みと、さらに話し手のなかで起こる思い込みが絡んでいるため、たとえば表面的にうまくコミュニケーションが成り立っているように見えても、実際にはかなりすれ違いが起こりやすいわけです。それを防ぐためにも、聴くことの意味や方法をしっかり理解しておくことがとても大切なのです。

知識・経験の違いも聴くことを難しくする

聴くことを難しくする原因は他にもあります。その一つとして考えられるのが、人それぞれの知識や経験の違いです。思い込みと被る面もありますが、それによって同じ言葉であっても、そこから何をイメージするかは異なってきます。

先ほど、聴き手は受け取った情報の空白を自分の経験や知識で埋めようとすると述べましたが、当然その経験や知識は人によって違いますから、同じ情報であっても理解の仕方は異なってきます。

たとえば誰かが「人が大勢集まっていた」と言ったとしたら、何人集まっているとイメージするか。実際に講座の中で質問をしますと、5人から1000人まで、かなり大きな違いがありました。つまり、「大勢」をどう感じるかは、これまでの経験によっても違ってくるからです。

それほど人が多くない場所で生活してきた人にとっては「5人も集まっている」と思うかもしれませんし、もっと大勢の人がいる場所で生活している人は「5人しかいない」と思うかもしれません。

それがときとしてトラブルになることもあります。たとえば、あなたが相手に「折り返し電話をします」と伝えたとしたら、どれくらいの時間を想定しますか。これも講座の中で質問をしますと、5分から半日までさまざまです。

もし相手が、折り返しの電話があるまでの時間を5分と思っているとして、あなたは30分と思っていたらどうでしょうか。あなたにとっては30分は許容範囲でしょうが、5分と思っている相手からしたら、かなり遅いと感じるでしょう。

このように、聴き手が持っている知識・経験によっても聴き方は違ってきます。そのことを理解しておくことはコミュニケーションギャップを防ぐためにも大切です。

3
章

聴くために必要な「共感」

コミュニケーションの相手に対して、「共感します」という言葉を日常的に使っている方は多いと思います。私が担当する企業研修や講座のなかでも、この言葉はよく出てきます。それは、共感することの重要性が十分に認識されているからでしょう。

しかし、ご自身の正直な気持ちとしては、「いまいち相手の言葉に共感できない」とか「どうしたら共感できるようになるのか」「本心では共感できないと思っていても、共感していると言ったほうがいいのか」などと迷ってしまうこともあるのではないでしょうか。

そこで、ここでは相手の話を聴く場合に共感できると思ったり、共感できないと思ったりするとき心の中では何が起こっているのかを考えてみようと思います。

共感とは何だろう？

ある大手企業で年に7〜8回、「本音を引き出す傾聴・質問力」というテーマの研修を行っています。そのなかで、あるとき一人の受講者の方から「共感するのが大切なのはわかっているけれど、ネガティブなことばかり言う人にはなかなか共感できない」という話を伺いました。

そのとおりかもしれません。ネガティブな言葉は避けたいし、ましてや自分自身がそう思っていないような言葉には共感したくないと思うのは自然なことです。共感以前に「そんなふうに考えるものじゃない」と言いたくなったり、「どうしてそんなにネガティブなのか！」と怒りが湧いてきたりすることがあるかもしれません。

あるいは、「共感の大切さはわかるが、こんなときにも共感しなければならないのか」と疑問が湧いてくることがあるかもしれません。

そもそも、私たちは「共感」という言葉をどのように捉えているのでしょうか。辞典や書籍などでその意味や定義を調べてみますと、「他人の意見や感情などにそのとおりだと感じること」とか「相手が感じていることをそのままに感じること」などと記載されています。これらをそのまま受け取れば、前述のように「共感することができない」という声が挙がるのも当然のことだと思います。

しかし、その前に「相手が感じていることをそのままに感じる」なんてことは、本当に可能なのでしょうか。ここでは、そのことをもう少し考えてみたいと思います。

共感とは理解を試みること

２０１１年の東日本大震災から3年後、私は南三陸にボランティアに出かけました。そのとき震災を体験した方からお話を伺いながら、震災当時の光景がありありと浮かびました。胸が締め付けられ、自然と「それは本当に大変でしたね」「辛いですね」と言葉をかけていました。

ところがその瞬間、「自分は本当にこの方たちの気持ちを理解できているのだろうか」という思いが湧いたのです。もちろん、私は安易な気持ちでその言葉を口にしたわけではありませんが、「大変でしたね」とは言えない、もっと深い辛さがそこにはあったように感じたのです。

その人の体験はその人だけのものです。たとえまったく同じ体験をしたとしても、みんなが同じことを感じているとはかぎりません。ましてや話をきいただけで同じように感じることができないのは自然なことです。「相手の言葉に共感できない」とおっしゃる方は、むしろ正直なのかもしれません。

これは聴き手側の立場で共感を考えた場合ですが、話し手側の立場ではどうでしょうか。自分の辛さや苦しさを誰かに言葉で表現するとき、それらの気持ちを強く感じているほど、話した相手に「その辛さよくわかるよ」などと簡単に言われてしまうと、「あなたに何がわかるのか」「私の気持ちがわかるはずがない」と反発したくなることもあります。

そもそも「本人が感じていることをそのままに相手も感じる」ことは自ずと限界がある

のです。そのうえで共感を考えるなら、そのままに感じることはできないからこそ、なんとか理解しようと試みること、それが共感につながるのだと思います。

このことについて、フォーカシングの専門家として知られている池見陽先生は、「共感は理解の試みである」と言われています。体験した本人にしかわからない辛さや気持ちをそのまま感じ取り理解することは難しいとしても、「もし、自分が同じような体験をしたらどれほど辛いだろうか?」と寄り添い、できるかぎり理解を試みることは可能です。そうした姿勢や態度こそが共感するということなのです。

ただ、相手とピッタリ同じ気持ちになることを指しているわけではありません。むしろ、相手と自分の気持ちは違うという前提に立って、それでも相手を理解しようと試みる姿勢や態度こそが共感することだと私は考えています。

共感と同感は違う

共感と似た言葉に同感があります。じつは、この二つは似ているようで異なるものです。私の講座でも受講者の皆さんに「同感と共感の違い」について考えていただくことがあります。「共感＝同感」と考えている方は意外に多く、違いを説明しても戸惑われる方もいます。

同感というのは、「そうそう、私もそう思う！」「私も同じ気持ち！」「私も同じ体験をしたことがある！」「私もそう思う！」というように、「私も」と自分を主語にしています。「私も〜」と言った瞬間、主役は自分に代わってしまい、相手の感情より自分の感情が優先されます。

これだと、仮に相手と同じような体験をしていても、自分の体験に基づく自分の感情で対していることになります。ですから、「私も〜」と言ったあとは、相手の話よりも、自分自身の話に流れてしまうことが多いようです。

一方、共感のほうは、「○○さんは、そう思うのですね」「○○さんは、そんなふうに感じたのですね」と、「あなた」が主語になっています。自分がどう思うかは別として、相手の気持ちを理解したい、自分の感情は横に置いて相手に寄り添いたいという態度や姿勢が前提になっています。言い換えれば、共感は客観的に相手目線で相手を理解することでもあります。

このことを「Ｂｅｉｎｇとして聴く」と「Ｄｏｉｎｇとして聞く」に当てはめて考えてみます。自分が主役になるＤｏｉｎｇとして聞いているときは、同じ気持ちを共有しているようでも自分が主語になっている同感を伴っていることが多いのです。一方、相手が主役になるＢｅｉｎｇとして聴いているときは、相手が主語になっている共感を伴っていることが多いのです。

このことを理解しておくと、相手の話をきいているときも、同感と共感の切り替えが容易になります。

たとえば、「○○さんに馬鹿にされたように感じて腹が立った」と話し手が相談してきたとしましょう。あなた自身は、自分だったらそんなことでは馬鹿にされたとは感じないと思っても、つまり相手の気持ちに同意することができなくても、「ああ、この人はそう感じたんだなあ」そして「馬鹿にされたと感じたのなら、確かに腹が立つだろうなあ」と相手を主役にして共感しながら聴くことができます。前述の「ネガティブな話ばかりする人に共感はできない」という場合も同様です。

共感には想像力と感受性が必要

さらに共感について考えてみます。相手の話を聴きながら共感するには「想像力」と「感受性」が必要です。

まず想像力ですが、相手は「きっとこんな気持ちなのではないか?」「こんなふうに感じたのではないか？」と想像する力です。たとえば、話を聴く相手が他者を否定ばかりするような人だとすると、「いったい、何が彼をそうさせているのだろうか？」「もしかしたら、自分も否定されてきたのだろうか？」「本当は自分のことを認めてもらいたいと思っているのではないだろうか？」「他者を否定することで、自分を守ろうとしているのだろうか？」などと考える力でもあります。

それを使って一つひとつ質問をしながら、相手の言葉の裏に何があるのか探っていき、「ああ、だから否定的なことを言いたくなるのだなあ」と理解を深めていきます。

もう一つの感受性ですが、これには「自分自身への感受性」と「相手への感受性」があります。

「自分自身への感受性」とは、自分自身が今感じていることに正直に目を向けて気づくことです。先ほどの「共感できない」という事例でいえば、誰かの話を聴いていて自分自身の中にもネガティブな気持ちが湧き起こることがあり、相手の話を否定したくなることもあるかもしれないのです。

たとえば、友人からこんな相談をされたとします。「新しい部署に異動になって仕事についていけない自分のことを、上司は煙たがっているように思う」「その分野では他の人より優れているところがないので、上司は自分を使ってくれない」。このような話を聴くと、いろいろな気持ちが湧き上がってくるかもしれません。

「煙たがっているなんて、思い込みじゃないの?」とか「異動したばかりなんだから、わからないことがあって当然なのでは?」「どうしてそんなことに囚われているんだろう?」「どうして他の人と比べて、そんなふうにネガティブにばかり考えるのだろう?」……。

そして、「ああ、自分は今、嫌だと感じているなあ」「本当に自分の言いたいことはそうじゃないのにと、自分を否定したくなっているなあ」「自分は今、相手の言葉を受け入れたくないと感じているなあ」などと感じるかもしれません。

私たちは感情を持った動物なので、そんな気持ちが湧き起こってくることは、いってみれば自然なことですから、まずは自分の感情を否定せずにそのまま受け入れてみることが必要です。それが自然にできるかどうかは「自分自身への感受性」によって違ってきます。そのうえで相手の言葉を受け止めていきます。

もしそこで、「そうじゃないよ」「それは違うよ」と相手を否定してしまうと、自分が主役になりDoingとして聞くことになってしまいます。

もう一つは「相手への感受性」です。相手を舞台の中心に置き、相手を主役にして「Beingとして聴く」には、この感受性が特に必要になります。そこには「良い・悪い」の判断も「正しい・正しくない」の判断も入ってきません。ただ、その人の気持ちをそのままに感じながら、話し手と一緒になって気持ちを見つめていきます。

そのなかで「何がそう思わせているのだろうか？」「本当はどうしたいと思っているのだろうか？」と理解を深めていきます。すると、どこかの瞬間で「ああ、だからこんな気持ちになっているのだなあ」と相手の気持ちがわかってきます。そんなときには、きっと自然に相手に共感することができています。

「相手への感受性」を発揮するには、「耳と目と心で聴く」でお伝えしたとおり、三つをフルに活用して相手と向き合うことが大切です。ある上司の方から、こんな話を伺ったことがあります。

職場で業務をしながらため息をついている部下に気づきました。「大丈夫？」と聴いてみたら、「大丈夫です」と答えますが、その後も見ているとため息をついていたそうです。見かねて別室に呼び、「最近の仕事の状況はどう？」と話を聴いていくと、少しずつ自分の状況を話しだし、かなりオーバーワークになっていることがわかったそうです。

この上司の方は、相手への感受性を発揮して、しっかり相手を観察していたため、部下が抱えている事情を聴きだすことができたのだと思います。

ところが、こうした方ばかりではありません。相手に対して「何も感じない」という方もいらっしゃいます。それは「何も感じていない」のではなく、相手への感受性を発揮することを怠っているだけなのかもしれません。特にあまりに忙しいと、感じる前に問題の解決策を一生懸命に考えてしまうことが多いようです。

もちろん、目に見える問題の解決策を考えながら話をきくことはあるでしょうが、これではＤｏｉｎｇとしての聞き方になってしまい、相手への感受性が働かないままです。もちろん、共感してＢｅｉｎｇとして聴くこともできません。ちょっと立ち止まって、相手への感受性を働かせているかを確認してください。

そして、相手をしっかりと観察し、態度や表情に注意を向け、それに対して自分が感じていることに意識を向けてみてください。そうして自分への感受性を発揮しながら、次は相手が感じていることに意識を向けてください。しだいに相手への感受性が発揮されるようになり、共感してＢｅｉｎｇとして聴くことができるようになってきます。

共感はちゃんと相手に伝えてこそ意味がある

共感の大切さは理解できても、自分の中で感じているだけでは十分ではありません。Ｂｅｉｎｇとして聴くには、それを言葉にして伝えることも必要です。

たとえば、部下が「じつは、今進めているプロジェクトでトラブルがあり、その処理にものすごく時間が掛かっています。そのため、スケジュールがかなり遅れてしまっているんです」と言ったら、どのように応じればいいでしょうか。

講座でも同じような質問をしますと、かなりの方が「どんなトラブルがあったの？」「スケジュールはどれくらい遅れているの？」と部下に尋ねますと応えます。当然、プロジェクトの結果は上司である自分にも関わってきますから、そう尋ねたくなるのは当然です。そのとき、心の中では「それは大変だね」と共感しているかもしれませんが、それを言葉にしていないことが多いのです。共感は、感じたことを言葉にして相手に伝えることで初めて意味があるのです。

たとえば、トラブルの処理はきっと大変だったのだろうなあと感じたのであれば、「そうか、それは大変だったね」とひとこと言ってから「どのようなトラブルがあったの？」と状況把握に入ればいいのです。それで相手は「ああ、この上司は自分が大変だったことを理解してくれている」と感じます。そのちょっとした言葉があるかないかで、コミュニケーションの密度や雰囲気は大きく変わってきます。

あるいは前述の「他者を否定ばかりする」相手に対しても、「もしかしたら、あなたも自分を否定されて傷ついていたのかなあって感じたのだけど、間違いだったらごめんね」と感じたことを伝えてみることです。ここで大切なことは、「否定されて苦しんでいたんだね」と決めつけて伝えるのではなく、あくまで自分自身が感じたこととして伝えてみることです。

このことについてよく出てくる質問があります。「こうなのではないかと自分が想像したことが、相手の感じていることと違っていたら、この人はわかってくれていないと思われるのでは？」。確かに「間違ったらどうしよう」という不安が出てくることはあるかもしれませんが、だからこそ、「自分はこう感じたのだけど、どうですか？」と伝えるのです。

もしそれが間違っていたとしても、あなたの言葉を受けて、相手は自分の気持ちを再吟味するきっかけになりますし、言われたことと自分の気持ちが違うと感じたら、「では、自分はどう感じたのだろう？」と自己探索をはじめるでしょう。

先ほどの例でいえば、「否定されて傷ついていたというよりも、腹立たしかったのです」と、自分で気づいた気持ちを語るきっかけになります。もしあなたの言葉が正しかったとしたら、「そうか、自分は傷ついていたんだなあ」と自分自身の潜在的な気持ちに気づくきっかけになるかもしれません。

共感は楽しさ倍増、辛さ軽減

共感が大切なのはわかるけれど、上司としては共感してしまうと厳しいことが言えなくなると考える方もいます。

たとえば、部下が望まない部署への異動を伝えなければならないとき、または部下を注意しなければならないとき、共感してしまうと言いづらくなると思い、あえて淡々と事務的に伝えようとする方がいます。しかし、もし部下の立場だったらどうでしょう。ただ淡々と異動を伝えられて「新しい部署でも頑張ってね」と言われたら、素直に頷くことができるでしょうか。

もしかしたら、「異動するのは嫌だなあ」という気持ちがそのまま残ってしまうかもしれません。「望まない異動で納得できない気持ちがあるかもしれないけれど」と、気持ちに寄り添った言葉を伝えられたうえで「新しい仕事はきっとあなたの成長にもつながると思うから頑張ってね」と言われたらどうでしょうか。受け止め方は少し違ってくるのではないでしょうか。

人は自分にとって辛いことであっても、どのように言われるのかで受ける辛さはかなり変わってきます。つまり、「何を言われるのか」より「どのように言われるのか」のほうが大切なのです。もし「自分の気持ちをわかってもらえた」と感じたら、信頼感が増すこともあります。

共感の表現として、「それは嬉しいねえ」とか「それは良かったね」と言われると楽しさは倍増しますし、「それは大変だったね」と言われると辛さは軽減されます。話し手の中では良い感情が膨らんでいきます。そして共感が成り立ったとき、相手もあなたの言葉に耳を傾けだすのです。

ここまで共感について考えてきましたが、共感がうまくできるほどＢｅｉｎｇとして聴くことにつながっていき、コミュニケーションもスムーズになります。

4
章

聴いているつもりの落とし穴

聴き手の反応が無意識に言動に現れる

たとえ聴くことの大切さはわかっていても、ときとして相手を尊重する「Ｂｅｉｎｇとして聴く」ことができなくなることがあります。なぜなら、聴き手が相手の言葉の刺激を受けて反応し、心が揺り動かされることがあるからです。その結果、先にお伝えしたように「共感できない」状態になることもあります。

もちろん、話し手の心の中でもさまざまな葛藤が起こっていますが、多くの場合、それ以上に聴き手側でさまざまな反応が起こってきて、それが無意識に言動に現れます。話し手がそれを感じると心を閉ざしてしまうこともあります。それでは、本来の目的である相手の自己理解を促すことはできませんし、聴き手が考えていた効果を得ることもできません。お互いの関係性に悪影響が及ぶこともあります。

たとえば職場の上司がこのような聴き方をしてしまうと、せっかく時間を取って話を聴いても、かえって部下のモチベーションを下げてしまうことになりかねません。ある講座の中でこんな話が出ました。「上司に何でも言いたいことを言っていいよと言われたので実際に言ってみたら、上司に論破されてしまった。もう二度と言わない」というのです。

上司も、そんな結果を望んでいたのではないと思います。もしかしたら、なんとか理解してもらおう、説得しようという気持ちが強く出すぎて「論破」と感じさせてしまったのかもしれません。この上司にかぎらず、自分としては良かれと思ってしたことが、逆の結果を生んでしまうこともあります。

先でもお伝えしたとおり、私たちの心の中には「心のコップ」があります。そのコップの中には、自分自身の認知の仕方や自身のニーズや価値観、感情、モノの見方や考え方などが入っています。それをいったん脇に置いて「空のコップ」を相手に差し出し、相手の話を聴くことが相手を尊重したＢｅｉｎｇの聴き方ですが、ときとして、空のコップではなく自分の中にすでにあるコップが頭をもたげてきてしまい、相手を尊重し理解しようとするあり方ではなく、自分自身の「価値観」や「こうあるべき」などの思考を優先してしまうことがあります。

その結果、自分の考えを理解させようとしすぎたり、自分自身の認知や考え方がフィルターとなって相手の本当に言いたいことを篩《ふるい》にかけてしまったりすることがあります。そして気づいたら自分が主役のＤｏｉｎｇの聴き方になってしまうのです。当然のごとく、聴き手のあり方や関わり方によって、話し手の反応も変わってきますので、コミュニケーションの結果やお互いの関係性にも影響が出てきます。

だからこそ、聴き手として自分のなかで何が反応しているのか、どんな考えが役に立っていないのかを知ることは、自分自身の聴く力やコミュニケーション力、そして自分自身の対応力を高めるためにもとても大切なのです。

そうして役に立つものは活かしていき、もし役に立っていないものがあったとしたら、それを見直して変えていき、相手を尊重したBe－ingの聴き方をしっかりと発揮していくことで、自分自身の聴く力が向上していきます。それが部下や後輩の成長にもつながっていくのです。

無意識に相手をディスカウントしてしまう

相手の話を聴くときに無意識に行ってしまいやすいのが、相手をディスカウントすることです。「ディスカウント（値引き）」という言葉は日常的によく耳にしますが、ここで述べているディスカウントは金額が安くなるという意味ではなく、相手の話を聴きながら「きっと理解できないだろう」とか「自分では解決できないだろう」と値引きしてしまうことです。

交流分析という心理学では、自分や相手の存在や能力、感情、伝えようとしている事実や問題を値引きすることを「ディスカウント」と呼んでいます。確かに私たちは相手の話を聴くとき、無意識に相手をディスカウントしてしまうことがあるのです。しかも、自分では良かれと思ってやっていることが多いため、じつは役に立っていない聴き方になっているということに気づかないことが多いのです。

これでは、せっかく相手の話を聴こうと思っていても、本当には聴けてはいません。しかも、このような聴き方は相手の自立を阻むだけでなく、ときには依存の構造を作ってしまうこともあります。

熱心に聴いているつもりで無意識に行っているかもしれないことだからこそ、自分の場合はどうか、振り返りながら確認することが大切なのです。

ネガティブな感情も相手にとっては大切な感情

プロローグでも述べたとおり、相手が悩んでいたり迷っていたりすると、聴き手としては、何か言ってあげなければという気持ちが働き、気づいたら相手の気持ちを理解するよりも、自分が一生懸命解決策を考えていることが多くあります。その結果、「こうしたら」「ああしたら」とアドバイスをしてしまうのです。

しかし、話し手が話をするプロセスには「二つの段階」があります。それが「問題を詳しく話して掘り下げる段階」と「問題の解決を図る段階」です。話し手には、自分に必要な解決策を考える前に、問題を詳しく説明しながら心の傷や失望、怒り、悲しみなどの感情を開放する時間が必要なのです。

話し手が意識しているかいないかは別として、出来事を打ち明けて心の重荷を下ろすために話したいのです。それをすることで、解決に向かおうとする気持ちが出てきます。そのため、あまりに早く解決策やアドバイスを提示すると、話し手が感情を開放することを聴き手にブロックされたと感じさせてしまいます。

話し手は、そうして自分の感情や自分の思いを受け止めてもらえないと感じると、わかってもらいたくて尚さらくり返して、わかってもらいたい内容を話そうとします。その気持ちに気づかずに「こうしたら」とアドバイスをすることは、結果的に相手の感情を大切に扱っていない、つまり相手の感情をディスカウントしてしまっていることにもなるのです。

聴くことの最終的な目的は、「話し手の自立」にあると述べましたが、話し手が自分自身で問題を解決できるようにサポートしていくのが聴くことの最終的なゴールです。それにはまず問題に立ち向かうエネルギーが必要であり、ネガティブな感情も含め、話し手が自分の感情を自ら受け入れ、解放する時間を作ることが求められます。

先に、「私たちが共感できないとき」の事例で「ネガティブなことばかり言う人には共感できない」という話が出てきました。確かに自分自身は同意できないかもしれませんが、相手が今感じているのは「ネガティブな感情」です。それには「良い・悪い」はないのです。聴き手としては、そのままに受け止めつつ、「何がこの人をこんなにネガティブにさせているのだろうか?」と思いを馳せてみるのです。

以前、「受け止めたら自分もそれを肯定することにならないか」という質問を受けたことがあります。しかし「受け止める」というのは自分がその考えを「受け入れる」ということとは違います。

「この人は今そんな気持ちなのだなあ」と表に現れている感情を受け止めながら、その裏に隠れた感情を知ることが大切なのです。もしかしたら、自分を否定された怒りや絶望感、傷つけられたという苦しさや悲しみが隠れているかもしれません。それらが、ネガティブな言葉につながっているのかもしれません。まずは、表に現れているネガティブな感情を受け止めてみることが必要なのです。

人は誰でも考える力を持っている

私たちは相手の話を聴きながら「どうしたらいいのだろう」「どんなアドバイスをしてあげたらいいだろう」と考えはじめることがあります。相手に親身になればなるほど、自分が何か言ってあげなければという思いが働き、アドバイスをすることに熱心になるのです。

私が中学生のころ、殻にこもり母とうまく話ができなくなった時期がありました。何かちょっとしたことがきっかけだったのだと思いますが、口を利きたくない、話をしたくない、ただその気持ちだけを頑なに守っていました。

そんなある日、家族ぐるみで付き合いがあった母の友人夫妻からドライブに誘われました。「ああ母が頼んだのかなあ」と子ども心になんとなく察しながらも、気さくな夫婦の誘いに素直について行ったのです。そして浜辺を一緒に歩いていたときに「私は、こんな自分が嫌いなの……」と、いつの間にか自分でも気づいていなかった心の中の言葉を呟いていました。

今考えても、このご夫婦が何か特別なことを私に言ったという記憶はありません。ただ黙って傍にいて一緒に浜辺を歩いてくれただけです。そしてポツリ、ポツリと話しだす私の言葉をひたすら聴いてくれただけでした。

そのご夫婦に傾聴技法という思考はなかったでしょう。でもその佇まいと存在のあり方が、無意識に相手を尊重し、Ｂｅｉｎｇとして聴くことになっていたのだと思います。お蔭で子どもだった私の心は開かれ、自分でも意識していなかった言葉を引き出してくれたのだと思います。私は母と向き合いたいという気持ちになっていました。

人は誰でも自分で考える力を持っています。たとえそれが子どもであっても。そして、自分で自分の答えを見つけることができるのです。話し手自身がそのことに気づいていなかったとしても、心の奥底にその人なりの答えがあるのです。

そのため、もし私たちが相手の考える力を尊重せず、心の中にある答えに気づかせることをしないまま、一方的にアドバイスをしているとしたら、それは相手の考える力をディスカウントしていることになります。

講座の中で「アドバイスをしてあげるのが良い先輩だと思っていた」とおっしゃる方がいました。後輩としても、そのほうが楽かもしれません。しかし、それが相手の考える力をディスカウントしていることになっているとしたら、相手の考える力を育てることはできませんし、相手の成長と自立を妨げることにもなります。さらに一歩まちがえると、依存の構造を作ってしまうことにもなるのです。

上司や先輩として本当に相手の成長を願うのであれば、相手の考える力を尊重し、自ら気づいて考える後押しができるような聴き方を心がけることです。これこそ本書が伝えたい「人を育てる聴き方」なのです。

「助けてあげたい」という気持ちが役に立たないこともある

私が研修講師をはじめたばかりのころは、新入社員研修で受講者が質問にすぐに答えられないと、「言いたいことは○○じゃない？」「○○ということ？」と、つい先走って言ってしまうこともありました。そうすると、確かに相手はホッとして「そうです」と応え、その笑顔を見て私は「そうなのね」とわかったつもりになり満足していました。

相手がうまく表現できないとき代わりに言ってあげることも、「言いたいことはつまりこういうことね」と話をまとめてあげることも、相手の言いたいことを助けてあげようという気持ちから行っていたことです。

しかしそのとき、それでは相手の表現する力や表現する練習の場を奪ってしまっていることになると気づきました。それで代わりに、「大丈夫。待っているから頑張って自分の言葉で話してみてください」と言い、待つようにしました。

すると、相手はちゃんと自分の言葉で語りだしました。たとえたどたどしい話し方であっても、自分の言葉で話すようになったのです。

ときには、少し時間がかかることもありますが、大切なことは、自分の考えをまとめ、それを表現する自分の言葉を見つけることで気づき、成長していくことです。聴き手に必要なのはそれに寄り添うことなのです。

とはいっても、相手がなかなか表現できず時間が掛かってしまうとき、聴き手は時間がなくて待てずに「つまり、こういうこと？」と先走って言ってしまうこともあります。そんなとき聴き手は、相手が自分の言葉で表現する力をディスカウントしてしまっていないか、相手の成長の機会を奪っていないかと自己確認することが必要です。

話し手から出てきた言葉が予想したとおりだったとしても、話し手が自分から言ったことなのか、誰かに言われたことなのかには大きな違いがあります。聴き手として大切なことは、相手が自分で考えをまとめること、それを語る言葉を自分で見つけることに寄り添って待ってあげることなのです。

自分の「助けてあげたい」という気持ちが、聴き手としては役に立たないこともあると、知っておく必要があります。

このことに関連して、アメリカの心理カウンセラーであり、フォーカシングを見出したユージン・ジェンドリンは次のように語っています。
「人は何を感じているのか、悩んでいるのか、自分でもわからないことが多い。そして自分の言葉で語ることで学び、気づき、創造されていく」

「大丈夫」の使い方には気をつけよう

聴き方マスターの講座で、聴き手として悩みを相談されたとき「『大丈夫、きっとなんとかなるよ』などと励ましていませんか？」と質問をすることがあります。すると、「えっ？これって駄目なんですか？」という反応が返ってきます。

もちろん、多くの場合、相手のために良かれと思ってやっていることが多いのですが、早すぎる「大丈夫」は相手の気持ちをディスカウントしてしまっているのです。ときには相手が抱えている問題さえもディスカウントしてしまうことがあります。

たとえばコロナ禍で講座がオンライン開催になったときのことです。オンラインの操作に慣れていない人にとっては、操作に気を取られながらの講座受講はかなりのストレスを感じたようです。

そのなかに操作方法がよくわからなくて質問した参加者がいました。そのとき、操作に慣れている方が「大丈夫、大丈夫、簡単だからすぐにできるよ」と言って説明してくれたのですが、すぐには理解できず落ち込んでしまったのです。もちろん、「大丈夫」と言った方は安心させようとして言っているのですが、相手は「まったく大丈夫ではないのに、大丈夫と言われてもなかなか受け入れられない」という気持ちになり、もっと自信がなくなったようです。

説明した側は話を聴いて「きっとこの人なら大丈夫」と思ったのかもしれませんし、そう言って励ましたくなったのかもしれません。しかし操作方法がわからず悩んでいる側はまず、決して大丈夫でないことを知ってほしかったのです。

たとえば、「明日の説明会でちゃんと説明できるか心配です」と言う相手に、「あなたなら大丈夫だよ。自信をもってやってきてよ」と言いたくなる気持ちはとてもよくわかりますが、「大丈夫」という言葉を安易に使ってしまうと、相手の受け取り方によっては「たいしたことがない問題に頭を悩ませている」「価値がないことに悩んでいる」というメッセージになってしまうこともあるのです。結果として、悩んでいる自分の気持ちが軽んじられたと感じてしまうことになります。

そのため、私たちは「大丈夫」という言葉の使い方には気をつける必要があるのです。

相手の変化や成長をディスカウントしていないか？

新人時代に自分が教育を担当し、その後も気を配っていた後輩がいるとします。いつまで経ってもそのときの気持ちが残っていて、「可愛い新人」だったときのままで関係性を維持してしまうと、自分としては親しみを込めてのつもりであっても、後輩はいつまでも新人扱いされていると感じてしまいます。

この場合、自分でも気づかず無意識に新人扱いをしていると、後輩の成長や能力の変化に気づかず、その能力や成長をディスカウントしてしまっているかもしれません。

これは親子の間でもよく見かけるパターンです。親から見たらいつまでも子どもだとディスカウントしているため、親がアドバイスしてあげなければと、ついいろいろと言いたくなってしまいます。

しかし、いつまでも子ども扱いや新人扱いされる側にとっては、成長すればするほど「任せてもらえない」「認めてもらえない」という気持ちを募らせ、モチベーションダウンにもつながってしまいます。そして、ある日突然、子どもが反論してきて初めてその成長や変化に気づかされます。

じつは私自身も、前職で職場の後輩から「先輩はいつまでも私が新人だったころのイメージを持ち続けていますよね。でも私ももう10年目ですよ」と言われてしまったことがありました。その後輩は私が新人教育を担当した後輩だったため、10年経って偶然同じ職場に配属されてきたときに、つい「自分が面倒を見てあげなければ」という私の「おせっかいや世話焼き」が強く出すぎてしまったのです。結果、私はいろいろと口を出してしまい、相手に「成長を認めてくれていない」と感じさせてしまったのです。

そのときの私は、後輩から指摘されるまで、残念ながらそのことに気づいてはいませんでした。

このようなディスカウントは、無意識に行われることがとても多いのです。本人としては、相手のためだと思い違いをして、相手の能力や考え、感情などをディスカウントしてしまうのです。このことに気をつけることも必要です。

「聴くこと」の最終ゴールは「相手の自立」です。そのために自分で考え、自分で答えを見つけ、自分で解決できる力を持っていると信じ、尊重しながら聴くことが大切なのです。

5章

聴くことを阻む
六つのバイアスパターン

情報を歪める思考パターン

さて先に、自分のコップが聴き手の中で頭をもたげてしまい、ときには相手を尊重した聴き方ができなくなるという話をしましたが、研修の参加者からも同様の声がよく挙がってきます。

そんなとき聴き手の中では何が起こっているのでしょうか。

たとえば、こんなことを言っていた方がいました。上司からのメールで「○○の件はどうなっていますか？　納期が迫っているのにどうしてそんなにのんびり仕事ができるのですか？　できないならできないと言ってください」と突然、指摘されたそうです。

もちろん本人はのんびりと仕事をしているつもりはありませんでした。自分なりのスケジュールをしっかりと立て、それに従って仕事を進めていたため、いきなりそんなことを言われてかなりモチベーションダウンになったようでした。本人は、「いきなり指摘から入るのではなく、どのようにスケジュールを考えて進めているのかをまずは聴いてほしかった」とつぶやいていました。

上司の立場から考えると「仕事をもっと早く進めてほしい」「仕事が遅い」という気持ち

から思わず出た言葉なのかもしれません。しかし上司の中で「仕事はさっさとすべきである」というバイアスが働くと、言われた側はこんな反応になってしまいやすいのです。

もう少し、このやりとりを見ていきます。上司はもっと早くと思い、部下はスケジュールを考えてやっているのにと思っていますが、それぞれのスピード感には違いがありそうです。

私は新入社員研修のときによくこんな質問をします。「朝一番に上司から、これ急がないからやっておいてくれる？　と言われた仕事は、いつまでに終わらせますか？」。参加者の答えは早い順から「お昼まで」、次は「その日中まで」です。これがいちばん多い答えでした。そして「2日から3日」という答えもありました。

では上司はどうなのでしょうか？　今度は監督層研修で同じ質問をしてみました。「仮に皆さんがそんな指示を出した側だとしたら、いつまでに終わらせてほしいですか？」。いちばん多かったのはなんと「1時間以内」でした。これはまさに経験の差から来る感覚の差なのですが、いずれにしても人の基準はそれぞれ違っているということなのです。

その結果、先ほどの事例のように行き違いが発生してしまいます。特に上司の基準が部下の思っている基準よりはるかに高い場合は、上司は「いつも遅い」という思いに囚われてしまうかもしれません。一方、部下は決して遅いつもりも悪気もないわけですから、何度も「遅い」と指摘されると、どんどんモチベーションが下がっていきます。

とはいっても、いつでも部下の基準に合わせなければいけないということではありません。大切なのは、相手の基準と自分の基準が合っているのかどうかを知っておくことなのです。

私たちは誰でも、多かれ少なかれ自分なりの基準や考え方、価値観などを持っています。それらがバイアスになって、話を聴くとき相手の言葉をそのまま受け止められなくなり、ときにはこの上司のように「遅い」と言ってしまいます。本当は相手を主体にＢｅｉｎｇとして聴こうと思っていたはずなのに、自分が主体のＤｏｉｎｇとして聞くことになってしまうこともあるからです。

聴き手がこのことに気づくのを難しくしてしまうのは、相手にとってはバイアスと感じることでも、聴き手自身の中では当たり前のことになっていて、相手にどのように影響を及ぼすのかまで意識が向いていないからです。

これは聴き手になったとき誰にでも起こり得ることなので、普段から自分の中に聴くことを阻むバイアスがないか確認しておくことがとても大切です。ここでは、バイアスパターンを六つに分類して説明することにします。

六つのバイアスパターン

・全か無か思考

これは物事を白か黒か、良いか悪いか、正しいか正しくないかなど極端に考えてしまうことで起こるバイアスパターンです。極端に考えるため、感情も極端になります。

その根底には完璧主義があるため、相手の失敗がたとえ小さなものでも「もう○○さんには任せられない」とか「○○君はやっぱりダメだ」と相手の全てを否定しがちです。こうした思考があると、どうしても相手に厳しくなり、相手の話を聴くよりも足りないところを指摘したくなります。

また、白黒をはっきりさせたい傾向もあるため、曖昧な返事に対して追及したくなったり、相手の言い分を聴くより自分自身の要望を通そうとしたりして、妥協を許せなくなります。たとえば部下育成において「全か無か思考」が働いてしまうと、完璧を最初から求めてしまい、部下が追い込まれることもあります。

これは私自身の体験ですが、講師の後輩を育てているときに「早く独り立ちできるようにしてあげたい」という気持ちが働きすぎて、無意識のうちに初めから完璧を求めてしまい、改善点の指摘ばかりをしていました。それでも初めは素直に聴いていた後輩がついに我慢しきれなくなり、「私は先輩ほど経験がないのです。初めから求めすぎないでくださ い」と訴えられてハッとしたことがありました。

くり返しますが、「全か無か思考」は自分に対しても他人に対しても厳しくなりがちです。必要な厳しさであれば良いのですが、もしそれが相手や自分を苦しくさせているのだとしたら、少し緩めてみることも必要です。

・ネガティブな心のフィルター

物事には良い面もあれば悪い面もあり、どちらでもない中間の面もあるにもかかわらず、マイナス面にばかり目が向かい、プラス面に目が向かわなくなることがあります。このようなネガティブな心のフィルターを通して相手を見ているというバイアスパターンが聴き手にあると、相手が本当に話したいことが見えづらくなります。

結果として、部下は自分のダメなところばかり指摘されているように感じ、モチベーションも下がってしまいます。

たとえば、私が行っているマネジメント研修や後輩育成研修で、部下育成の現状について話していただくと、驚くほどたくさん「部下の問題点」が出てきます。そこで私から「その部下の方の良いところはどこですか?」と質問させていただくと、考え込んでしまい、

「良いところが見つからない」と答える方が驚くほど多いのです。特に「この人はこうだ」と決めつけていると、相手が何を言っても否定的に受け止めてしまい、悪い面ばかり目につきます。

そのためになかなか相手の言葉が素直に耳に入らなくなると、相手がせっかく話しても「どうせまたこうだろう」「困ったやつ」という心のフィルターを通して聴いてしまいます。

そもそも人間にはさまざまな側面があり、たとえ苦手な相手であっても聴き手に見えてない別の面もあります。それは、知ってみれば自分にとって好ましいものかもしれません。ですから、聴き手としては、相手に対する心のフィルターがネガティブになっていないか意識することも大切なのです。

一口かじったリンゴ
あなたはこの写真を見てどこに目が向きますか？
かじられた断面ですか？　それとも残っている
赤々としたきれいな面ですか？

さらに、若年層の方と話をしていると、自分自身をこのマイナスのフィルターで見ている方が意外に多いことに気づきます。このネガティブなフィルターが自分自身に向けられ、自信をなくしてしまうことがあるのです。だからこそ、上司の方には自分の心のフィルターを確認しながら、部下の良い面にも目を向けてみていただきたいのです。

・拡大解釈・過小評価

人を評価するときに作用するバイアスパターンの一つが、欠点や失敗を過剰に大きく捉え、長所や成功を極端に過小評価して捉えることです。

たとえば「A君はいつも遅れてくる」「Bさんは全然報告をしようとしない」「C君はまったく成長できていない」などと極端な捉え方をしてしまいます。しかし現実は「いつも」でも「全然」でも「まったく」でもないはずです。

にもかかわらず、このようなバイアスが掛かってしまうと、私たちは相手の現状を正確に理解することができなくなりますし、理解しようともしなくなります。また、「いつもそうだ」と考えていると、相手の話を聴こうとしても指摘から入りたくなってしまいます。

前述の事例にあったように「Bさんはいつも仕事が遅くてマイペースすぎる」と拡大解釈してしまうと、いざBさんの話を聴こうとしても、まずは「何をやっているの」と遅いことを注意することからスタートしたくなるのです。

その一方で、Bさんが頑張っていることに対しては過小評価しやすく、「やって当たり前」「できて当たり前」「たまたまだろう」「大したことはない」などと考えてしまいます。

当然、相手を褒めることも少なくなってしまいます。

こんな話を聴くことがあります。せっかく部下が職場の整理整頓を行っていても「当たり前」のこととして片づけてしまい、特に労《ねぎら》いや感謝の言葉を伝えたり、褒めたりすることをしません。「やって当たり前」「できて当たり前」と、無意識のうちに過小評価しているのかもしれません。

当たり前のことであっても、それをきちんとやってもらうことで仕事は順調にまわっていきます。だからこそ「当たり前」で終わらせずに、やってくれていることに目を向けて、感謝の言葉や労いの言葉を伝えていくことがとても大切なのです。そもそも「当たり前」のことが「当たり前」にできることこそ大切なのだと思います。

過小評価は心のフィルターと同様に、当の本人が自分自身に向かって行っていることもよくあります。たとえば私が部下に「先日の会議はうまく進めることができていたね」と伝えると、「いえ、全然だめです」という答えが返ってくることがあります。

このように自分自身を過小評価するのは、前述した自分自身の価値や能力を自分でディスカウントしてしまっているからでもあります。自分が達成したことやプラスの資質、うまくいったことなどを「大したことではない」「全然できていない」と自分で軽視してしまうのです。

特に昨今の傾向として、対話が減っていることも影響し、若い人たちが自分自身を過小評価して「自分は何もできない」「成長できていない」「役に立っていない」と自信を無くしていることが多いようです。だからこそ上司や先輩としては、「良いものは良いものとして受け取る」姿勢が大切であり、話を聴くときは、部下や後輩が自分自身の成長に自ら気づけるように対することが大切です。

これは家族についてもいえます。毎日ご飯を作ってくれる、お風呂を用意してくれる、掃除をしてくれるのは当たり前ではありません。お給料を入れてくれるのも当たり前ではないのです。そして相手の話を聴くときには、相手のマイナス面を拡大解釈したりプラス面を過小評価したりしていないか確認することが大切なのです。

・ネガティブなレッテル貼り

これは、人の価値をその人の特性や行為で決めつけてしまうことで起こるバイアスパターンです。たとえばミーティングの席で部下が反対意見を言ったことがきっかけで、「〇〇さんはネガティブな意見しか言わない」とネガティブなレッテルを貼ってしまうと、その見方しかできなくなってしまいます。

相手の話を聴くときも「この人はこうだから」とレッテルを貼ってしまうと、相手が自分の意見を言った途端に「やっぱり」と思ってしまい、相手の言葉が耳に入りにくくなります。なぜ相手がそう考えているのか？　その言葉の裏にはどんな気持ちがあるのか？　に目を向けることをしなくなるため、本当に相手が言いたいことを理解することもできなくなります。

ネガティブなレッテルを貼ると過小評価のパターンも働きだし、ますます相手の良い面には目が向かなくなります。それは、話し手にとっては自分が変わること、成長できることを否定されてしまうことでもあります。人間は誰でも根底に成長欲求を持っています。そのため関わる側としては、相手が変われること、成長できることを信じることが大切な第一歩なのだと思います。

・べき思考

これは、物事は自分の期待どおりであるべきと考えるバイアスパターンです。これが強いほど、自分の価値基準を他人に押し付けやすく、相手の考えを受け止めにくくなります。あるいは、相手も同じ基準であると思い込み、知らずしらず自分の基準を相手に押し付けてしまうこともあります。

相手の考えや意見が自分の価値基準に合わないと、相手の話を聴くよりも自分の考えを主張したくなります。さらに相手を責めたり、相手を自分の価値基準に合わさせようとしたりするため、相手の話を聴くより相手を説得したくなってしまうこともあります。

研修でこんな話をしている方がいました。「私の職場の上司は『私はこうしてきた』と自分の経験をとうとうと語ります。『だからあなたにもできるはず』と私にも求めてきますが、その言葉の裏に『やっていないじゃないか』という気持ちが感じられて腹が立ちます。『私はあなたとは違う。私はあなたじゃない』と言いたくなります」

もしかしたら、その上司はその方なりに、部下を励ましているのかもしれません。でも自分の価値基準を全面に出しすぎてしまうと、ただ指示に従う人を育ててしまうことになるかもしれないのです。

「べき思考」が一方的に悪いわけではありません。私たちに必要なものもあります。たとえば「交通ルールを守るべき」は全ての人たちに当てはまることで、事故を防ぐことができますし、私たち自身を守ることにもなるのです。

このことは会社のルールにも通じることですが、交通ルールのように一般的に認知されているわけではなく、その会社固有のものである可能性がありますし、ましてや個々人についてはもっと固有である可能性が高いのです。

そのため、自分の「べき思考」の度合いが他者よりも強いほど、相手の言葉に対してつい「それは違うよ」と言いたくなりますし、相手を説得したくなります。

また、「べき思考」が強すぎると、相手により多くのものを求めてしまい、相手を追い詰めてしまうこともあります。

ある上司の方は「部下と話をしているときに、自分の感情のスイッチが入ってしまい怒りが出て来てしまった。そんなときは必ず自分の中の〝こうあるべき〟が動き出して相手を非難したくなってしまう」とおっしゃっていました。

マネジメントの研修のなかで「ストレッチ目標」の話をさせていただくことがあります。ストレッチ目標とは相手にとってちょっと頑張れば届く目標です。目標を設定するときに、本人にとってあまりにも高すぎる目標は、目指そうというやる気につながらず、逆に諦めや苦痛を大きくしてしまうこともあります。ですから、目標を設定するときは、相手のレベルを見極め、少し頑張れば届く目標を設定することです。

実際に研修のなかでもストレッチ目標の話をさせていただくと、無意識に今の自分と同じレベルを相手に求めてしまう方がいて、「自分は相手に求めすぎていた」と反省されることもあります。

ときには、高めのゴールを設定するほうが効果的なこともありますが、ときには相手のレベルに合わせることも大切です。それには普段から相手の考えや思いを引き出すＢｅｉｎｇとして聴くことが土台になります。

アンガーマネジメントの研修では、自分自身の「べき」の度合いに目を向け、修正することもあります。それが自分自身の怒りをマネジメントすることにも役に立つからです。

・固定観念

固定観念とは、こうだと決めつけてしまうバイアスパターンです。これが自分の中で凝り固まってしまうと、どうしても視野が狭くなり、目の前のことを正しく判断することも難しくなります。

また、新しいアイデアや意見を受け入れられなくなり、新しいチャンスの目を自ら潰してしまいかねません。

このことに関連して、聴き方マスター講座の中ではこんな事例をお伝えすることがあります。ある日、子どもが「お母さん、智子ちゃんって子豚みたいだよね」と言いました。お母さんは慌てて「お友達になんてことを言うの。子豚だなんて言ってはダメよ」と言いました（受講者も私の説明を聴いて顔をしかめながら大きく頷きます）。

しかし子どもは不思議そうな顔をして「だってお父さんが買ってきてくれたピンクの子豚のぬいぐるみに似ていて、とっても可愛いよ」と言ったのです（そこで受講者たちもアッという顔をします）。この子にとって「子豚」という言葉は、大好きなお父さんが買ってきた大好きな可愛いぬいぐるみのことを表現していたのです。

では、この事例を聴いていた受講者が一瞬顔をしかめたのはどうしてだと思いますか。おそらく自分の中にある子豚に対するマイナスイメージが浮かんだからだと思います。もし子どもが「だって可愛いよ」と言わなかったら、きっと自分のバイアスで子どもの言葉を理解し「もう、そんなことを言ってはダメですよ」という注意で終わったかもしれません。

私が開催しているＮＬＰ（神経言語プログラミング）という心理学の国際資格を取得するコースで、こんなことがありました。

受講者のＡさんとＢさんがクライアントとプログラマーという役割を分担してＮＬＰのテクニックの実習をしていました。Ｂさんが、その手順の中にある質問「そのことであなたは何を得たいですか？」をＡさんに質問したとき、Ａさんは「う〜ん」と口籠りました。するとＢさんは、そこから先の質問を躊躇《ためら》ってしまい、「難しいですよね」と終わらせてしまったのです。

そのときＢさんは、Ａさんの「う〜ん」を「答えが出ないから、これ以上質問してほしくない」と受け取ったのです。その後Ａさんに、そのとき何を感じていたのか伺うと、「今までそんなことを考えたことがなかったので、最初は戸惑ったが、何かわかりそうな気もしたので一生懸命考えていた」と言います。

それを聴いていたＢさんはかなり動揺して、「自分はこの質問の答えを考えるのが難しかったので、他の人もそうだろうと思い込んでしまっていた」と正直に話してくれました。自分がAさんだったら踏み込まれたくないと思い、Aさんもそうだろうと考えてしまったのです。これは、聴き手の中で固定観念が動きだし、相手もそうだろうと決めつけてしまったために起こったことです。

相手の話を聴くときに、このように固定観念が邪魔をすると、もう一歩踏み込んで聴くことができなくなることがあります。しかも、聴き手はそのことに気づいておらず、結果として相手を理解することを途中で断念してしまいます。

研修のなかで参加者から、「最近の若い人は会社の人と飲みに行くのを嫌がる」「プライベートの話に踏み込まれるのを嫌がる」という話を聴くことがあります。結局、「どこまで聴いて良いのか迷ってしまう」というのです。

確かに先輩と一緒に飲みに行くのが面倒だったり、嫌だと感じていたりする後輩はいるかもしれませんが、全ての後輩がそうだという固定観念を持ってしまうと聴くこと自体が難しくなります。

コロナ禍での在宅勤務が緩和され、出勤する社員が増えてきたある企業での新人研修のときです。一人の参加者が、新しい職場に配属された後「先輩が飲みに誘ってくれてとても嬉しかった」と発言しました。すると、それをきっかけに研修の参加者たちから「もっと先輩といろいろな話をしたい」という声が挙がったのです。

これは、大学時代にオンラインでしか授業を受けておらず、リアルで人と関わっていない学生生活を送ったので、対面でのコミュニケーションが苦手なのではないかという私たちの固定観念とは違った反応でした。学生時代にほとんど在宅で授業を受けたからこそ、人との触れ合いを求めている学生もけっこういることがわかりました。

誰にでも固定観念はあるでしょうが、ときとしてそれが聴くことを妨げる場合もあると認識しておくことは大切です。もしかしたらコミュニケーションの機会を狭めてしまっているのは自分自身なのかもしれないのです。

バイアスを緩める対処法

聴き手が陥りやすい六つの思考のバイアスパターンについて述べてきましたが、何か思い当たることはありましたか。あったとしても、それ自体が良い悪いではありません（良い・悪いで考えてしまうと全か無か思考になってしまいます）。自分にはこのバイアスパターンがあると理解したうえで、自分自身に向かって以下にあるような質問をしてみてください。Ｂｅｉｎｇとして聴く道筋が見えてくると思います。

(1)全か無か思考への対処法

自分の中に「全か無か思考」のバイアスがあると気づいたら、自分自身に以下のように質問してみてください。

「少なくとも○○はできているのではないか?」

「初めから完璧を求めていないだろうか?」

「私の考えや期待は現実的だろうか?」

「結論だけでなく途中経過はどうだろうか?」

「最初の第一歩は何か?」

……

質問に対して浮かんできたことを意識していると、相手ができていることも見えてくるかもしれません。

(2)心のフィルターへの対処法

自分の中に「心のフィルター」のバイアスがあると気づいたら、自分自身に以下のように質問してみてください。

「自分は否定的な側面だけに目を向けていないだろうか?」

「他の側面はどうだろう？」

「上手くいっているところはないか？」

「全体を観たらどうだろうか？」

「自分が囚われていることはないか？」

……

質問に対して浮かんできたことを意識していると、相手に対する視野が広がり、別の側面が見えてくるかもしれません。

(3)拡大解釈・過小評価への対処法

自分の中に「拡大解釈・過小評価」のバイアスがあると気づいたら、以下のように自分自身に質問してみてください。

もしあなたが「いつも」「まったく」「全然」「何も」などという拡大解釈・過小評価の言葉を使っているとしたら、以下のように質問してみてください。

「本当にいつもだろうか？」

「できていたことはなかったか？」

「いつも遅れているか？」

……

本当に「いつも」だったのか、そのときだけだったのかと意識していると、必ずしも「いつも」ではないことが見えてきて、相手の見え方が少し変化するかもしれません。また、「いつも」と一般化している表現を「昨日は」と現実に合わせて修正してみてください。それによってあなたの気持ちの持ちようが変化してくることもあります。

それから、もしあなたが「当たり前」などという言葉を使っているとしたら、以下のように質問してみてください。

「普通にできて当たり前だろうか？」

「できないことだって当たり前にあるではないか？」

「当たり前を押し付けていないか？」

……

本当に「当たり前」なのかと意識していると、必ずしも「当たり前」でないことが見えてくるかもしれません。ときには当たり前を「ありがたい」に切り替えて感謝を伝えてみてください。

(4) レッテル貼りへの対処法

自分の中に「レッテル貼り」のバイアスがあると気づいたら、以下のように自分自身に質問してみてください。

たとえば「A君は自己中心的だ」などとレッテル貼りしていることに気づいたら、以下のように質問してみてください。

「彼は自己中心的なときがあるが、そうじゃないときもあるのではないか?」

「自分自身のことより仕事を優先させていることもあるのではないか?」

「周りに気配りしていることもあるのではないか?」

……

質問しているうちに自己中心的に振る舞っているだけではないことが見えてきて、相手をもっと等身大で見ることができるかもしれません。

(5) べき思考への対処法

自分の中に「べき思考」のバイアスがあると気づいたら、以下のように自分自身に質問してみてください。

「自分の基準や価値観を押し付けようとしていないか?」

「自分の期待は現実的だろうか?」

「自分のルールが全てだろうか?」

……


質問をしているうちに、一方的に自分の考えを押し付けていることが見えてきて、もっと相手そのものを見ることができるようになるかもしれません。

ときには、自分自身の「べきの度合い」について誰かと話してみることもおすすめです。どれくらい「べきの度合い」が強いか、客観化できます。もし過剰だと気づいたら、それを必要に応じて緩めることで、自分自身も柔軟な対応ができるようになるのです。

アンガーマネジメントの研修では、各グループ内で自分自身の「べきの度合い」を確認し合っていただくことがあります。たとえば「メールの返信はいつまでにすべきか?」「相手が約束の時間に遅れたとき、何分まで待てるか?」について話し合ってもらうと、人によって驚くほど「べきの度合い」が違うことに、皆さん驚かれます。

(6)固定観念への対処法

自分の中に「固定観念」のバイアスがあると気づいたら、以下のように自分自身に質問してみてください。

たとえば「こうあるべき」「こうだろう」「こうに違いない」などという固定観念があることに気づいたら、こんな質問をしてみてください。


「それって本当だろうか？」

「ちょっと待って、思い込んでいないか？」

「決めつけていないか？」

「○○さんだったらどう言うだろうか？」

「○○さんならどう考えるだろうか？」

……


そもそも固定観念は、これまでの自分自身の経験や教育によって形成されてきています。そのため、全てが悪いものというわけではありませんが、固定観念があることでそれが先入観となってしまい、どうしても相手の言葉が耳に入りにくくなることがあります。そのため、少し立ち止まって自分自身に問いかけてみてほしいのです。

質問をしているうちに、自分の中にある固定観念が見えてきて、それを外すことで本当の相手が見えてくるかもしれません。

自分自身の固定観念に気づいたり、役に立たない固定観念を取り払ったりするためには、いろいろな人の話を聴くことがとても役に立ちます。自分と違う考え方に耳を傾けていると、固定観念がとれて考え方が柔軟になってくるからです。「人はみな違う」だからこそ面白いし、違うからこそ新たなものが生まれてくるのです。そして、その新たな考え方に出会うことで聴き手自身の成長にもつながります。

そんな聴き方ができる人の周りには自然に人が集まってくるように思います。

ここまでBeingとして聴くことを阻むバイアスパターンについて見てきましたが、誰にでも多かれ少なかれあるものです。相手の話を聴くとき、このことを意識するだけでも、相手の反応はかなり違ってくるにちがいありません。

そして、これらのバイアスパターンは相手にもあります。そのため上司として部下の話を聴くとき、そのことを知っていると、相手の思考を和らげたり、考える力を伸ばしたりする聴き方をするために役に立つと思います。

6
章

「何を話しても大丈夫」という聴き方

安心できる環境がなければ話しづらい現実は変わらない

プロローグで心理的安全性を定着させるにはBe·ingとして聴くことが土台になると述べましたが、そのことも含めて、ここでは相手が安心して話せる環境の作り方について述べていくことにします。

私が長年担当している監督者のマネジメント研修でのことです。2日間の研修が終了し受講者の皆さんが帰っていくなか、各グループのホワイトボードへの書き込みを一つずつ消してくれている受講者がいました。

私が「ありがとうございます。こちらで消しますから大丈夫ですよ」と声をかけても「はい」と笑顔で返事をしつつ最後まで消してくれています。そして、それが終わってもまだ教室に残っていて、他の受講者が全員退室したころに私の傍に来て「ちょっと質問があるのですが、いいですか」と話しかけてきました。「もちろん、いいですよ」と応じると、質問というより悩んでいることを聴いてほしかったようでした。

残念ながら会場の都合で長い時間は取れませんでしたが、それでも私に話をして少し気持ちが落ち着かれたのか、「ありがとうございました」と言って笑顔で帰って行かれました。

研修中はいつも「質問がある方はなんでもいいですから質問してくださいね」とお伝えするのですが、こうして研修が終わってから来る方や休憩時間にこっそり質問に来る方も割合多いのです。

その質問だったらきっと他の人も聴きたいだろうな、全員で共有したら役に立つなあと思う質問内容でも、個別に質問に来られることがあります。みんなの前ではなかなか言い出しにくいのだと思います。

それなら一対一だとすぐに話せるかというと、そうでもありません。ホワイトボードの片づけをしてくださった先ほどの方も、一対一で話す状態になっても少し躊躇っているようでした。

この方にかぎらず、自分の話を聴いてもらいたいと思っても、実際に誰かに話すには勇気が必要なこともありますし、もともと性格的に自分のことを話すのが苦手な方もいます。そんな場合も含めて、安心して話せる環境を作ることはとても大切なのです。

昨今、1on1ミーティングが注目されていますが、そのようなシステムがあっても、それが話しづらい雰囲気からスタートしてしまったら、せっかくの時間も実りのあるものにはなりにくくなってしまいます。だからこそ、まずは安心して話せる環境をつくることからはじめる必要があります。

心理的安全性のある職場を創っていくためのポイントに「①知らないと言える、②できないと言える、③反対意見を言える、④どんな状況でも遠慮なく言える」があります。つまり、何を言っても大丈夫だと安心していられる環境です。

言葉で表現すればこういうことですが、実際にそのような環境を作ることは簡単ではありません。たとえ上司がそのような環境を作っているつもりでも、実際にそうなっているとはかぎりません。

ある企業での新人研修では最初に開催してから半年後にフォロー研修をさせていただきますが、そのときに出てくる悩みを聴いていますと、そこには以下のような思考パターンが内在していることがわかります。

①知らないと思われたくない
②できない、能力がないと思われたくない
③違う意見ばかり言うと思われたくない、ネガティブだと思われたくない
④忙しそうなので話しかけて邪魔だと思われたくない

そのために、先輩に質問することを躊躇ったり、自分の意見を言えなかったり、「わからない」と正直に言えなかったりしているのです。結局、自分の考えだけでやったり、これで大丈夫なのかと不安を抱えたままやったりして失敗することが多くなっています。

「何でも言ってきてくれたら話を聴くよ」と言ったところで、話し手が「何を話しても大丈夫」と安心できる環境がなければ、話しづらいという現実は変わりません。

安心の環境を整える六つのポイント

ではどのように安心の環境を整えていったら良いのでしょうか。ここでは六つのポイントにまとめてお伝えします。

⑴物理的環境を整える

皆さんが上司や先輩の立場にあるとして、部下や後輩と1 on 1で話をするときはどのような環境を創っていますか。相手にとって安心感があり、緊張が和らぐ環境を設定することはとても効果的です。たとえば、ある人には静かな場所がいいかもしれませんが、別の人には静かすぎて落ち着かないかもしれません。

こうした判断を的確に行うには、日ごろから相手をよく観察しながら、どのようなときに話しやすそうにしているか、どのような場だと口が重たくなるのかなどを見ておき、それに合わせて場所をセッティングします。

具体的には、広い部屋のほうが話しやすいのか、職場の片隅でみんなが見える場所のほうが落ち着くのか、時間帯としては午前中のほうが集中して話せそうか、午後のほうがゆったりと話せそうか。あるいは話の中味に合わせて場所や時間帯を選ぶことも効果的でしょう。

こんな例がありました。商業施設の店舗マネージャーの育成担当をしていたAさんは、ある店舗のマネージャーBさんが悩んでいるようだという情報を得て、Bさんの事務所に会いに行きました。そこでBさんに「最近どうだい？ 何か困っていることはない？」と声をかけたのですが、他愛もない雑談だけでなかなか本題に入らないまま話が終わりそうになりました。

そこでAさんは、「店舗を見て回りたいんだけど一緒にどうだい？」と声を掛けました。マネージャーは「はい」と言いながら付いてきたので、Aさんの店舗に関する感想を話しました。マネージャーは黙って聞きながら歩いていましたが、そのうちに「じつは……」と少しずつ悩みを話しだしたのです。それを聴いたAさんは、改めて「じゃあ一緒にどうするか、事務所に戻って考えようか」と言って戻り、悩みをじっくり聴くことができました。

テーブルを挟んで改まってのほうが話しやすいと考えてしまうこともありますが、こんなふうに何かを一緒にしながらのほうが話しやすい場合もあるのです。

この例では現場を見てまわることができましたが、デスクワークの職場の場合は、それは難しいでしょう。そんなときは、次の項目とも関連しますが、何か気分を変える工夫が必要になります。

(2)心理的環境を整える

心理的環境とはパーソナルスペース（縄張り）を整えることです。人間も動物ですから自分のパーソナルスペースを持っています。じつは、そのことがコミュニケーション環境に影響を与えることもあるのです。

一つの例として上司と正面で向かい合ったときと、横並びに並んで話をしているときの光景を思い浮かべてみてください。たとえばアフターファイブの居酒屋でテーブルを挟んで話をしている場合と、カウンターに横並びで話をしている場合です。テーブルを挟んで対峙すると何となく畏《かしこ》まった感じになりますが、カウンターで横並びになると寛《くつろ》いだざっくばらんな感じになるのではないでしょうか。

つまり、お互いの位置関係とか距離で緊張感はかなり違ってきてしまうのです。物理的環境が固定されている職場などでどうしても一対一で向かい合うようなときは、このよう

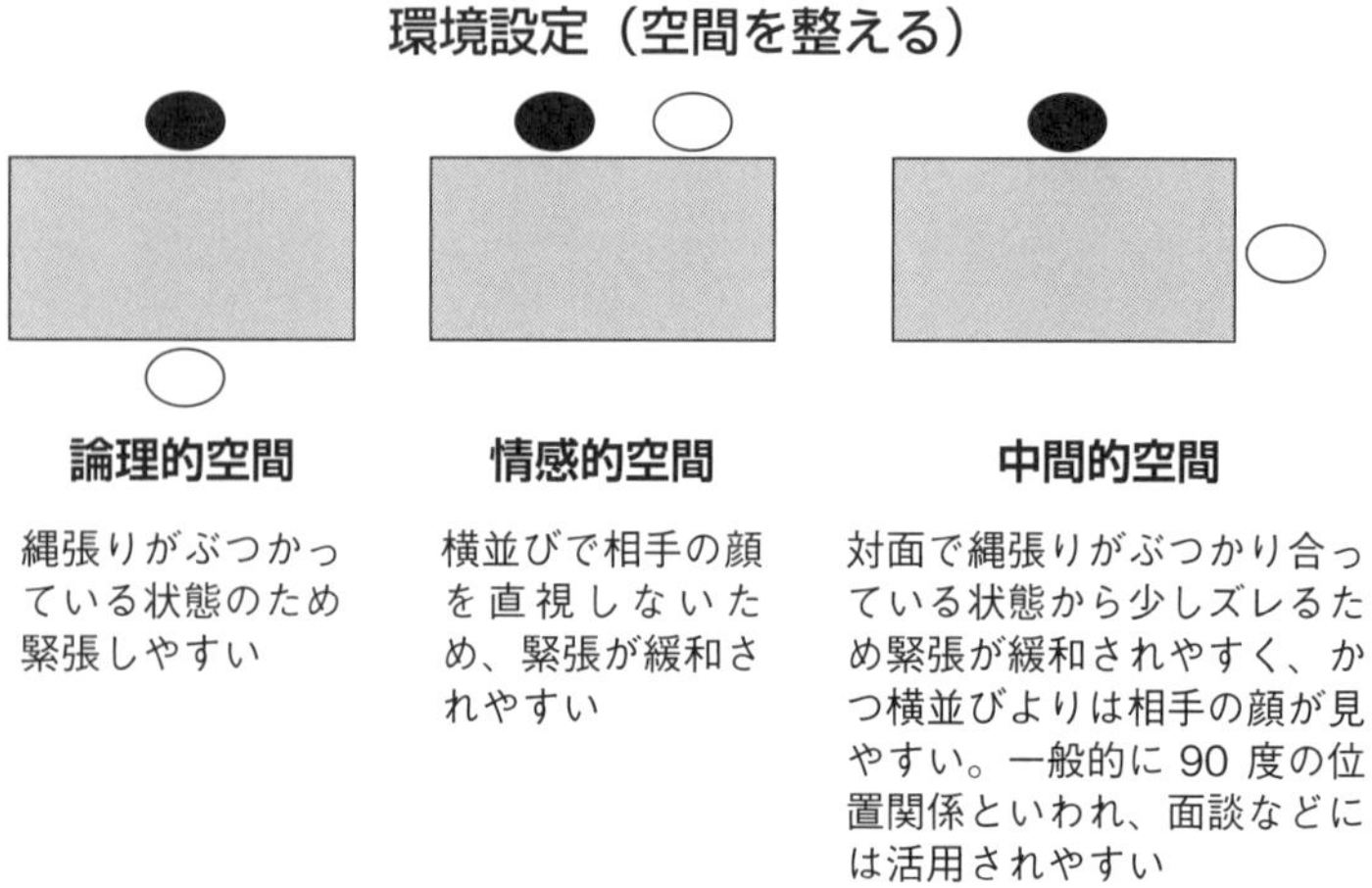
環境設定（空間を整える）
論理的空間
縄張りがぶつかっている状態のため緊張しやすい
情感的空間
横並びで相手の顔を直視しないため、緊張が緩和されやすい
中間的空間
対面で縄張りがぶつかり合っている状態から少しズレるため緊張が緩和されやすく、かつ横並びよりは相手の顔が見やすい。一般的に 90 度の位置関係といわれ、面談などには活用されやすい

図４　着席位置が与える影響

な位置関係や距離を工夫するだけでも緊張感は変わってきます。

図にあるのは、着席位置が与える影響のパターンです。

先ほど、心理的環境とはパーソナルスペース（縄張り）を整えることであると述べましたが、それは互いの関係性によっても変わってきます。一定の関係性が出来ている場合は、心の距離も近いため、あまり気にしなくても緊張は自然に緩和されるでしょうが、まだ関係性が出来ていない場合や初めての場合などは、図にある位置関係を参考にして座る位置を工夫すると緊張感が和らぐと思います。

私も前職で部下の面談を行っていたとき、90度の位置関係（中間的空間）にしたところ、お互いに対面よりリラックスした雰囲気で話すことができたのを覚えています。また、カウンセリングの場面やＮＬＰのテクニックを活用するときなどは、「この位置で大丈夫ですか？」と椅子の位置を確認するようにしています。

(3)自分のスイッチを聴くモードに切り替える

プロローグでもお伝えしましたが、相手の話をしっかりと聴くためには、まず自分自身を聴くモードに切り替えることです。

特に忙しい上司の方たちはつい時間を気にしてしまったり、「急げ！」のアクセルが働いて話を急がせてしまったりして、話を聴くよりも自分が結論づけてしまうことになりがちです。あるいは、「まだあの書類が残っていたなあ、今日中に仕上げておかなければ……」などと他のことが気になり、「聴く」よりも「聞く」になってしまいます。だからこそ、「ここは、まずは聴こう」と自分の聴くスイッチをＯＮにし、つい先を急ぎたくなる気持ちは脇に置いてギアをスローに切り替えることです。

話を聴くことは「相手を大切にしている」ことを伝えることでもあり、話し手と聴き手が大切な人間関係に入ることでもあります。特に部下にとっては「大切にされている」と実感できる機会でもあるのです。ところが、「聴く」ではなく「聞く」になってしまい、それがくり返されてしまうと、話し手は「自分を大切にしてくれない」と感じてしまいます。
自己肯定感という言葉がありますが、「あなたが居てくれるから、生きて存在しているから嬉しい」というメッセージは、本人の生きる原動力になります。特に子どものころにそんなメッセージをたくさんもらえると、自己肯定感が高まり、他者との関係性も上手に築けるようになります。

これは大人になっても同じです。忙しすぎて、たとえ悪気はなかったとしても、ついうっかり聞き流してしまう「聞く」をくり返していると、相手を大切にしていないというメッセージになります。ときには相手の存在を否定するメッセージにさえなってしまうことがあるのです。ですから話を聴くときは、意識的にスイッチを聴くモードに切り替えることが必要なのです。

もちろん、いつでもそうして聴くことができる時間があるわけではないでしょう。そういうときは、相手が急ぎの用事でないかぎり「断っても良い」のです。ただし、100％相手に集中し、しっかりと向き合い、誠意をもって「今は時間が取れないけど、必ず後で時間を取るから」と伝えることが大切です。その態度が相手を大切にしているというメッセージになります。

(4)心を整える

聴くときの心のあり方についてはすでに述べましたが、実際に聴く場面に向かうときは、まず自分の心の状態を客観的に観察することが第一歩です。たとえば、上司や先輩であっても、余裕がないときやイライラすることはあるでしょう。そのまま聴く場面に臨んでもうまくいかないことが多いと思います。

まずは、そんな自分の状態に気づき受け入れることが大切です。そのうえで、こんな方法を試してみてください。今の自分の心の状態を実況中継してみるのです。「ああ自分は今、さっきのトラブルを引きづっていて、ちょっとイライラしているなあ……」と心の中で呟いてみます。そして、こんな状態で話を聴けるか、難しそうなら後にしたほうが良いのか、ちょっと立ち止まって考えてみてください。それだけで今の自分自身を客観視しやすくなり、これなら聴けると思えれば、聴くスイッチに切り替えやすくなります。

(5)身体を整える

企業研修の傾聴実習時に、話し手から「聴き手の目力が強すぎて、なんだか全てを見透かされているようで目を伏せたくなってしまった」という感想が出たことがあります。聴き手になった参加者は、相手の話を聴くときにはアイコンタクトを取ることが重要だと思ってそうしていただけなのですが、話し手にはそれが圧迫感になってしまったのです。

聴き手の気持ちとしては、相手の話を大切に聴こうと思っていたのですが、残念ながらそれが相手には伝わらず、逆効果になってしまっていたのです。

非言語的コミュニケーションについて先述しましたが、私たちのコミュニケーションは言葉だけで成り立っているわけでなく、表情や態度、姿勢、ジェスチャーや目線、声のトーンや相槌、頷きの仕方など、身体に現れることも関係しています。しかも、相手に与えるコミュニケーションのインパクトは半分以上がこの非言語的なものによります。

非言語的コミュニケーション研究の第一人者であるバード・ウィスティルは「2者間の対話では、言葉によって伝えられるメッセージは全体の35％に過ぎず、残りの65％は話し方や動作、態度、視線、間の取り方など言葉以外の手段によって伝えられる」と言っています。

ところが私たちは、誰かとコミュニケーションを取るとき、言葉には意識を向けますが、非言語の部分にはほとんど目を向けていないことが多いのです。研修のなかで言語と非言語のどちらを意識しているか伺うと、多くの方は言葉や内容であると答えられます。ですから、傾聴実習で聴いているときの姿勢や態度、表情などを指摘されると驚かれることが本当に多いのです。

先ほど「目力が強すぎる」と言われた方も、そのことを指摘されてとても驚かれ、「自分ではしっかりとアイコンタクトができていると思っていた」と語っています。

たとえば、皆さんはこんなことがありませんか。

・無意識に眉間に皺を寄せながら話を聴いている。
・知らずしらずに腕組みをしている。
・集中しているのは良いが、まったくリアクション無しにじっと聴いている。
・相手を見つめすぎている。
・自分のメモに集中していて相手を見ていない。

どれもまったく悪気なくやっていることだと思いますが、気をつけなければ話し手にまったく意図していないメッセージを伝えているかもしれません。こんな感じです。

・眉間にしわを寄せて聴いていると、相手に「疑わしいなあと思っているのではないか」と思わせてしまう。
・腕組みをしていると、「何か言いたいことがあるのでは」と思わせてしまうこともある。
・相手を見つめすぎたり、反対に自分のメモに集中して相手を見なかったりすると、相手はプレッシャーを感じて口を閉ざしてしまう。

私自身も昔、同じような失敗談があります。部下の面談をしているときに何げなく時計を見てしまったのです。すると部下は即座に「すみません。お忙しいですよね」と言って、せっかく話しはじめた相談事を切り上げてしまいました。それ以来、面談のときは腕時計を外してテーブルの上に置くようにしました。

こんなふうに非言語の部分で自分が意図していないメッセージを相手に伝えてしまうことがあります。だからこそ、非言語の部分にもしっかりと目を向け、自分自身の聴く姿勢を整えておくことが大切なのです。

心の中で相手を尊重していれば大丈夫と思われる方もいますが、たとえそうであっても表情や態度や声のトーンなどが冷たいと相手が感じたら、あるいは事務的であるとか集中していないという印象を与えてしまったら、相手を大切にしていないというメッセージになってしまうのです。

ここで、アイコンタクトについてもう少し説明します。私たちの目線は相手にとても大きな影響を与えるからです。

そもそもアイコンタクトはなんのためにするのでしょうか。じつはアイコンタクトは、「相手を見守るまなざし」なのです。フォーカシングの池見陽先生は「たとえばお母さんが、よちよち歩きの子どもが転んでしまい頑張って起き上がろうとしているのを微笑ましく見ているようなまなざしである」と言っています。そして私は講座のなかでは、アイコンタクトは「無条件の肯定的なまなざし」であると言っています。

話を聴くときのアイコンタクトも、「あなたに集中していますよ」「受け止めていますよ」というサインなのですが、気をつけないといけないのは、そのように受け取るか、凝視されてプレッシャーに感じるかは相手の感じ方で違ってくるということです。

そのことを理解しないまま「相手の目を見なければいけない」と思い込むと、前述のような凝視になってしまうかもしれません。

もう一つ、リアクションの仕方について見ておきます。相手の話に対して適切なリアクションを返すことは、相手を尊重していると伝えることにつながります。それによって話し手が「ちゃんと聴いてくれている」「受け止めてくれている」と感じれば安心できます。「ああ、自分はこの人に話しても良いのだな」と感じることで、会話がさらに深まっていくのです。

リアクションの代表は頷きと相槌です。それなら普段からやっていると思われるかもしれませんが、そのリアクションは効果的に相手に伝わっているでしょうか。

じつは、自分自身が相手の話にどのように反応しているのか、意外に自分で気づいていないことが多いのです。頷きや相槌を返しているつもりでも、相手にはまったく伝わっていないことが多く見受けられます。

なかには、相手の話に考え込んでしまったり、集中しているが故にまったく無反応になっていたりすることもあります。無反応は単にゼロではなく、話し手の受け取り方によっては「あなたの話に関心がない」というメッセージになってしまうこともあるのです。

たとえば昨今のオンラインでのやり取りでは、まったく反応せずじっと聞いている場面をよく目にします。確かにオンラインでパソコンに向かって頷くのはなんとなく違和感がありますす。また、話し手が目の前にいないので見えていないと思うからかもしれません。

一方、自分自身が話し手になってみると、反応が無いなかで話すのは、とても話しづらいものです。「オンラインミーティングで誰も何も言ってくれない。反応も無いのが苦痛だ」という話を聴いたこともあります。たとえオンラインであっても、しっかりとリアクションを返すことは必要なのです。

ときには、相槌のタイミングが難しいと感じていて、「相槌がワンパターンになっていないか心配です」という質問を受けることもあります。確かに、ずっと同じ調子で「はい」や「うん」と相槌しているだけですと、相手は本当に聴いているのだろうか？　と不安になるかもしれません。

それについては、私は「相槌＋ひと言」をおすすめしています。ただ「はい」だけでなく、「はい、そうなんですね」「うん、そう感じたのですね」「へえ、すごいですね」などと、話の内容に合わせたひと言を加えるのです。

このように頷きや相槌を上手に使うことで、話し手が話しやすい環境になりますが、聴き手にとっては話し手に集中する助けにもなります。

冬季オリンピックのカーリングで選手たちがお互いの意見に「そーだねー」と相槌を打ち合っていることが話題になりました。他愛もないたったひと言ですが、この相槌でお互いを受け止め合っていたからこそチーム力が高まったのだと思います。

⑹親和性を高めて心の距離を縮める

皆さんは初対面の人と話をしているときに、ひょんなことから同郷だとわかって急に親しみを感じたことはありませんか。あるいは、話をしていて学生時代に同じスポーツをしていたとわかって話が弾んだことはありませんか。

そうして共通点を見つけることで一気に心の距離が近くなったりします。これが親和性です。

コミュニケーションでは、この親和性はペーシングやマッチングといわれるもので意図的に活用されます。ペーシングは生理状態やエネルギー、呼吸に合わせることです。マッチングは相手の非言語に合わせること（ボディーランゲージや目線、声のトーンや話すピードなど）ですが、ペーシングの概念のほうが大きく、マッチングはそのなかに含まれます。

こんな事例がありました。ある通信会社でオペレータの方の研修をマンツーマンで実施していたときのことです。お客様から通信機器の工事の件でクレームの電話が入りました。お客様はかなり興奮した様子でご立腹です。それに対してオペレータは落ち着いてゆっくりと話しながら対応していたのですが、急に怒りの矛先が工事のことではなくオペレータに向けられたのです。

「どうしてそんなに落ち着いていられるのか？　その事務的な対応は何だ！」と叱られてしまいました。

もちろんオペレータは事務的に対応していたわけではなく、冷静に落ち着いて対応しようとしていたのですが、傍で聴いていた私は、お客様の怒りのエネルギーとオペレータのエネルギーがミスマッチになっている、つまりペーシングがうまくいっていないと感じました。そのためお客様は、なんだか他人事のように扱われていると感じたのだと思います。

一方マッチングは単に相手の非言語に合わせているだけではありません。たとえば、相手が腕を大きく動かしたら自分も同じように動かすのは、かえって不自然で無作法でもあります。

そんなときは、たとえば相手が前かがみになっていたら前かがみになる、姿勢をピンと伸ばしていたら同じようにピンと伸ばすなどして基本的な姿勢をマッチさせたり、話すスピードや間を合わせたりするなどのマッチングは自然にやりやすいのではないかと思います。

たとえば他の人といて寛げているときの様子を想像してみてください。おそらく相手の人と自然に姿勢や表情、話すスピード、呼吸のペースなどが合っていると思います。確かにレストランなどで楽しそうに会話している友達同士や家族を観察してみると、話すスピードやテンポ、動きなどがマッチングしていることが多いのです。

このように、相手とマッチングしているとホッとした気持ちになります。お互いの心の距離も縮まり、コミュニケーションもしやすくなります。このとき大切なのは、相手に対する尊敬と配慮を保ちながら、相手の世界に合わせていくことです。

研修のなかで「自分の話すスピードが速いと感じている方はいますか?」と質問をすることがあります。話すスピードが速い方は、どうしても自分のペースで話を進めたくなってしまいます。そのため聴くテンポも速いのです。

私がそういう方にゆっくりと話し掛けてみると、ペースが合わず「どうしても口を挟みたくなる」という感想を述べる方がとても多いのです。

もともと話すスピードが速いと感じている方が聴き手になったときには、会話のスピードをちょっと相手に合わせてみてください。それだけで、相手はとっても話しやすくなります。

相手の話を聴くときには、相手の非言語や呼吸、エネルギーに意識を向けて、ほんの少しそれに合わせながら聴くようにしてみてください。それによって親和性が高まり、相手は聴き手を受け入れはじめます。

聴き手としての自己一致

ここまで聴き手として安心の環境を作ることが大切であると述べてきましたが、もう一つ大切なこととして、聴き手としての自己一致があります。

皆さんは相手の話をきいているとき「つまらないなあ……」と思いながらも、それを隠してきいていることはありませんか。その気持ちを押し殺してきいていると、それが非言語を通して相手に伝わってしまうことが多いのです。

あるいは、理解できていないのに「そうなんだね」と頷いていることはありませんか。それでは聴き手としての誠実性に欠け、相手を尊重してＢｅｉｎｇとして聴くことからも遠ざかってしまいます。

聴き手自身のＢｅｉｎｇの基本は、相手にも自分にも誠実であることです。それは、聴き手が心の中にある自分の声や反応に正直に向き合っているかどうかで違ってきます。先にお伝えしましたが、相手の話を聴いていると、自分の心の中でさまざまな気持ちが動き出すことがあります。

たとえば、「どうしてこの人は、こんなことをいつまでも気にしているのだろう」「どうしてこんなにネガティブなのだろう」などという気持ちが沸いてくることもあります。ときには、話を聴きながら怒りが沸いてくることもあるかもしれません。

そのときはまず、自分が感じていることを感じているままに受け止めることが大切です。「ああ、自分は今怒りを感じているなあ」「ああ自分はつまらないと感じているなあ」などと。そうした感情を良い・悪いで評価判断せず、沸き起こってくるまま感じてみながら、今自分はそんなふうに感じているなあと自己一致させて受け入れていきます。

それは聴き手である自分に対する誠実な態度であるとともに、相手に対しても誠実な態度なのです。

カウンセリングでは、聴き手が感じた心の声を話し手に正直に伝えていくことがあります。これにはそれなりのスキルが必要であり難しいことですが、そこまでしなくても、まず自分の心の声を否定せずに受け入れたうえでいったん脇に置き、相手の話を聴くようにしてみてください。そうした積み重ねにより、話し手が安心できる環境も作られていきます。

7
章

相手への理解を深める
実践的アプローチ

これまで述べてきたように、話を聴くときは単に相手の言葉に耳を傾けるのではなく、いかに相手のＢｅ・ｉｎｇを理解する聴き方ができるかが大切です。このことはわかっているつもりでも、目の前の相手をどこまで理解できるかとなると、結構難しいことだと感じる人は多いでしょう。

なぜなら話し手自身が、自分が話したいことがよくわかっていないことがあり、わかっていたとしても全てをうまく言葉にできないこともあるからです。また、ここまで述べてきたように、聴き手側がＢｅ・ｉｎｇとして聴くことを自ら難しくしていることも結構あるからです。

そのことを理解したうえで、相手への理解を深める実践的アプローチについて述べていきます。

相手の地図を受け止める

ＮＬＰ心理学では、相手を理解するアプローチを「相手の地図を理解する」と表現することがあります。ここでの地図とは私たちのモノの見方や捉え方、考え方のことです。人はそれぞれ頭の中に自分の地図を持っていて、それによって物事を考え、判断し、表現しています。

たとえば、講座の中でこんな質問をすることがあります。窓の外を見たら雪が降っていました。それを見てあなたはどんなことを考えますか。または、どんな気持ちになりますか。

私自身は雪があまり降らない関東平野に生まれましたので、雪を見るととても嬉しくなって、わくわくします。思わず外に出たくなりそうです。

私と同じで「嬉しい！　積もればいいなあって思います」と言う参加者もいました。しかしある参加者は「うわー、私は雪を見ると憂鬱になる！」と言いました。この方は北海道の出身で、北海道にいたころは雪を見るとまず「ああ、また雪かきの季節になった……」と憂鬱になったそうです。つまり、雪に対する頭の中の地図がそれぞれ違っているのです。

もちろん雪だけではありません。人にはそれぞれ自分の地図が頭の中にあり、それを通して物事を考えたり、表現したりしています。ですから、相手の話を聴きながら相手への理解を深めるには、自分の地図とは違う地図が相手の頭の中にあると思って、それを理解しようとするアプローチが大切なのです。

私は研修のなかで、このことについてイメージしてもらうために実際の世界地図をお見せすることがあります。皆さんが初めて見た世界地図はいったいどんな地図だったでしょうか。もしあなたが日本人であるならば、きっと真ん中に太平洋があって、その大きな海の左側に大陸に沿って長細く伸びる日本列島が描かれている地図だと思います。

しかし、私は子どものとき、別の地図を目にして驚いたことがありました。太平洋の左側にあるはずの日本列島がないのです。子ども心に本当にびっくりしたのを覚えています。そしてよく見ると、真ん中にある海は太平洋ではなく、その右端に日本列島があったのです。そうです。私がそのとき見た地図はヨーロッパの世界地図だったのです。

さらに私が世界地図で驚いたことがあります。それは国際線乗務をするようになったころ、オーストラリアのシドニーの土産物屋で世界地図を見つけたときのことです。その地図は、なんと南と北が逆になっていて、もちろんオーストラリアが真ん中に描かれていました。

どれも世界地図には間違いないのですが、どの地図も自分の国が中心になっています。私たち日本人が見慣れている世界地図は上が北なのに、南が上の世界地図もあります。よく考えてみれば当たり前のことですし、そこに正しい・間違っているはありません。それなのに、日本を中心にした世界地図が当たり前になっていると、他の国の世界地図に違和感を覚えてしまうのです。人がそれぞれ持っている自分の地図も同じです。

このように説明すると、皆さん、納得してくださいます。自分の地図と相手の地図は違っていて当たり前なのに、自分の地図で相手の地図を見ているから違和感があり、相手を理解することが難しくなるのです。つまり、自分のモノの見方や捉え方、考え方が当たり前になっていると、それで相手を理解しようとするから、「変な感じだ」とつぶやきたくなるのです。

自分の地図をいったん脇に置き、相手の地図で相手を理解するアプローチが必要です。それができてくると、相手がどのように物事を見ているのか、どのように考えているのか、どのように表現しているのかが理解しやすくなります。これが相手理解の第一歩になります。

じつは、この地図を理解するうえで大切なことがもう一つあります。それは、どのような立ち位置で地図を見ているかということです。同じ地図を見ていても、世界という範囲で見るのと、日本という範囲で見るのでは見え方がかなり違ってきます。

たとえば仕事上の立場で考えますと、経営層に近い人とラインの人では会社の問題を考える地図は似ていても、それを見る範囲や捉え方は違ってきます。また同じ現場であっても設計の方と開発の方でも見方や捉え方が違うかもしれませんし、営業の方と製造の方とか、上司と部下でも違ってくるでしょう。ですから、相手の話を聴くとき、聴く側の立場（地図）や話す側の立場（地図）によって、問題の捉え方や見ている範囲はかなり違ってくるのです。

たとえば上司としては、もっと広い範囲で考えてほしいと思うことがあるかもしれません。そんなときに、一方的に自分の地図を押し通そうとするのと、まずは部下の地図を理解しながら話を聴き、相手の考えや状況を受け止めたうえで、別の見方やその必要性を説明するのでは、随分受け止め方も違ってくるのではないでしょうか。

そのように相手の地図を理解しながら話を聴くことも、相手を理解するアプローチとして大切なのです。

相手の自己理解を促す聴き方

以前、私がとても尊敬するゲシュタルト療法（心理療法）の先生の講座を受講し、その帰路の新幹線は、先生と同乗させていただきました。駅弁とビールを買って新幹線に乗り込み、おしゃべりしたことはとても楽しいものでしたが、そのとき、先生がふと「あら、私はどうしてこんな話をしているのかしら？」とおっしゃいました。

ビールが効いたのかもしれませんが、先生は続けて「あなたは聴くのが上手ね。自分でも思ってもいなかったことまで話してしまったわ」とおっしゃったのです。心理学の先生にそんな言葉をいただいたことがとても嬉しくて、今でも覚えている出来事です。

そのときの私が「相手の自己理解を促す聴き方」がどこまでできたかどうかはわかりませんが、聴き方によって話し手は自分自身の自己理解を深め、それまで気づかなかった自分の考えや思いを認識するようになることもあります。その結果、話し手さえも意識していなかったことを思わず話していたということも起こるのです。そして聴き手も話を聴きながら、相手が本当に望んでいることや考えていることをさらに深く理解できるようになります。

ここで、話し手の自己理解を助ける聴き方のコツを三つに整理してお伝えします。

(1)バックトラッキング

バックトラッキングとは情報の塊を元に戻すことですが、コミュニケーションの場においては、相手の言葉をそのままくり返して会話を進めていく方法です。オウム返しといわれることもあります。

このバックトラッキングには三つの効果があります。

・抵抗感が薄らぎ、受け入れてくれているという感覚を得られる

自分の言った言葉をそのままくり返されると、否定されたり拒否されたりしたという感覚は生まれず、抵抗感が和らぎ、相手は受け入れてくれているという実感を得やすくなります。

・心の距離が縮まる

「ちゃんと説明してほしかったのです」に対して「ちゃんと説明してほしかったのですね」と返されて、「違います」という返事は返ってきません。「そうです」という言葉が返ってくることがほとんどです。わかってもらえていると感じるからです。その結果、心がオープンになりますし、聴き手への信頼感も増して心の距離が縮まります。これは「YESセット」といわれるものです。

・自己理解が進む

聴き手が話し手の言葉をくり返すことで、話し手は自分の言葉を再吟味することができます。それによって自己理解が促されます。

たとえば、こんな感じです。

話し手「今度のA社の訪問が、どうしても気が進まないのですが……」
聴き手「そうか、A社の訪問が気が進まないんだね……」
話し手「はい。というより、なんだか心配で……」
聴き手「うん、心配なんだね……」
話し手「そうなんです。ちょっと心配なことがあるのです」

聴き手「そうなんだ。どんなことが心配なの？」
バックトラッキングの最後に質問を加えると、話し手は自分の気が進まない気持ちの背景にある考えや感情を確認しだします。そうして、自己理解を促すことができるのです。じつは、このバックトラッキングには二つのパターンがあります。
一つは「事柄へのバックトラッキング」です。たとえば、こんな感じです。
話し手「先週、A社を訪問してきたのですが、どうしても気になることがあるのです」
聴き手「A社を訪問してきたんだね」
もう一つは「感情へのバックトラッキング」です。これは、相手の感情の言葉をバックトラッキングする方法です。たとえば、こんな感じです。
話し手「先週、A社を訪問してきたのですが、どうしても気になることがあるのです」
聴き手「気になることがあるんだね」
特に感情へのバックトラッキングについては、話し手の無意識に影響を及ぼし、より理解してくれているという気持ちを呼び起こす働きがあります。それは自分自身の感情を再吟味する機会にもなり、とても深い自己確認になります。
私たちは自分自身の感情さえはっきりとわかっていないことがあります。なかでも怒りの感情は、その裏に真の感情が隠れていることがとても多いのです。たとえば、私がある人の相談に乗ったときのことです。

「上司が自分を使ってくれない。当たり障りのない仕事しか与えてくれずBさんばかり起用するので腹が立つ。あんな上司の元で働いていたら、いつまで経っても上に行けない」と腹立たしそうに言います。その方は、しばらく上司に対する不満を語り続けていました。

私はその思いをしばらく聴いてから、話を要約しつつ感情のバックトラッキングをしました。

「上司が自分を起用してくれないので、腹立たしく思っているのですね」

するると少し沈黙が生まれました。そして
「なんか……寂しいんですよ。もっと自分も信頼してほしいんです」と、今度は寂しそうに呟いたのです。

こんなふうに、怒りの感情の裏には寂しさや悲しさが隠れていることが意外に多いのですが、自分自身は気づいていないこともあります。しかし、聴き手にバックトラッキングされると何か違和感が生まれ、「そうじゃないなあ……」と再吟味がはじまり、自分の本当の気持ちに気づくこともあるのです。

(2)要約して伝え返す

相手の話のポイントを要約して伝え返すことでも自己理解を助けることができます。たとえば、こんな感じです。

話し手「自分は対人関係が得意じゃないんです。特にBさんに対しては、いつも否定的に見てしまうところがあるんです。先日も（途中略）、だから自分はBさんから嫌われているんです」

聴き手「Bさんに対して自分がいつも否定的に見てしまうところがあるので、Bさんから嫌われていると思っているのですね」

こんなふうに要約をして相手に言葉を返すことは、まず聴き手として相手をちゃんと理解できているかどうかの確認になります。同時に、話し手としても聴き手がちゃんと理解してくれているという安心感になります。さらに話し手は、伝え返されることで自分が話したことを改めて認識し、自分の考えや気持ちを整理することにもつながります。

バックトラッキングの基本は相手の言葉をできるだけそのままくり返すことですが、それではうまくいかないことがあります。たとえば「自分は何をやってもうまくいかないダメな人間なのです」という言葉をそのままくり返すと、「あなたは何をやってもうまくいかないダメな人間なのですね」と言っていることになり、相手のネガティブな気持ちをさらに強めてしまうことになりかねません。

大切なことは、ダメな人間なのだということを確認することではなく、「あなたは、自分は何をやってもうまくいかないダメな人間だと思っているのですね」と要約して伝え返し、相手の気持ちや考えを確認することです。

話し手はそうして要約をされることで自問自答をくり返し、自分は何に悩んでいたのか、どうしたいと思っているのかが徐々に明確になっていきます。聴き手と話し手との相互理解も深まっていきます。

(3)感じたことをフィードバック

相手の話を聴くときには、聴き手は聴くことに徹しなければいけないと思われる方も多いのですが、じつは伝える力も必要なのです。

カウンセリングでは「相手の鏡になる」と表現することがありますが、聴き手として感じたことを率直にフィードバッグしていくことも、ときには必要です。それが、話し手の自己理解を促すこともあるからです。

たとえば、こんなふうにフィードバックしてみます。

「私はAさんの話を聴いていて、すごく不安な気持ちが伝わってきたんだけど違うかな？」

「今、Aさんの言ったことがよく理解できなかったのだけど、もう一度言ってもらえないだろうか?」などと、聴き手として感じたことを率直に伝えてみます。すると話し手は、鏡に映し出された自分の姿を見るように自分自身を客観視し、自己理解を深めることができます。

伝え方のパターンとしては「Iメッセージ」と「YOUメッセージ」の二つがありますが、このときのポイントは、私を主語にした「Iメッセージ」で伝えることです。

・Iメッセージ

「私は~と思います」「私は~と感じました」と私を主語にした伝え方です。先述した「私はAさんの話を聴きながら、不安な気持ちが伝わってきたけれど違うかな?」という聴き方は、まさしくIメッセージで聴き手が感じたことを正直に相手にフィードバックをしています。

Iメッセージでの伝え方は、話し手にアドバイスをするときにも役立ちます。基本は相手に自分で考えてもらうことですが、アドバイスが絶対にダメということではありません。大切なのはアドバイスをするタイミングです。

先でもお伝えしましたが、早すぎるアドバイスは相手の考える力や問題を解決する力をディスカウントしてしまいます。しかし考えてもなかなか答えが見つからないときは、アドバイスを受けることも役立ちます。

そのために効果的なのがＩメッセージでアドバイスすることです。たとえば、「私は○○と思いますが、どうですか？」とか「私はこんな考え方もあると思いますが、どうですか？」とアドバイスしてみます。

Ｉメッセージは、決めつけにならず、アドバイスというよりヒントを与えるような感じで伝わるので、相手が考える余地を残すことができるのです。

・ＹＯＵメッセージ

一方、ＹＯＵメッセージは「あなたは○○なのですね」「あなたが○○と言いました」と、あなたを主語にした伝え方です。先ほどの例をＹＯＵメッセージで置き換えると、「Ａさんは不安なのではないですか？」となります。

このＹＯＵメッセージは、Ｉメッセージとはちょっと伝わる感覚が違います。

Ｉメッセージは「私はこう感じた」という聴き手自身の意見を伝えますから、話し手はこうだと決めつけられた感じがせず、より客観的な意見として受け止めやすくなります。

しかしＹＯＵメッセージは、「あなたは○○だよね」「あなたが○○と言ったので」となりますから、話し手は決めつけられているように感じたり、責められているように感じたりしてしまうこともあります。

こうしたことも含めてＩメッセージとＹＯＵメッセージの特徴を理解しておくと、フィードバックをより効果的に利用することができます。

相手の気持ちを理解する

相手への理解を深めるというと、私たちの目はまず事実や状況に向かい、それによって相手の考えを理解しようとします。結果として、相手の気持ちを無意識にスルーしてしまいやすいのです。特に聴き手が忙しい上司だったりしますと、解決を急ぎたいので事実関係を早く把握したいと思い、相手の気持ちにまで目がいかなくなることは多いと思います。

もちろん、事実関係を把握することは問題解決には欠かせませんが、部下や後輩を育てるという点では、相手の気持ちを理解するアプローチも必要なのです。

これは私の昔の体験談ですが、前職で国内線を乗務していたときのことです。離陸前からなんとなく落ち着かない様子のお客様が、自分の担当区分にいらっしゃいました。私は気になって観察をしていたのですが、離陸後少し揺れが続いたとき、その方がかなり緊張していることに気づきました。

もしかしたら飛行機が苦手なのではと思った私は、ベルトサインがオフになると真っ先に「大丈夫ですか？」と声を掛けました。するとそのお客様は緊張しながらも恥ずかしそうに少しだけ笑顔を見せて「じつは飛行機が苦手なんです」とおっしゃいました。

本当なら新幹線で移動したいところだったが、家族が急に倒れたので少しでも早く帰りたいと思い飛行機にしたそうです。しかし、やっぱり緊張するとおっしゃるので、私はなんとか気を紛らわすことができないかと考え、サービス中にも何かと話しかけたり、お水を持って行ったりしていました。

そのかいもあって無事に目的地に到着したとき、そのお客様から「ありがとう。お陰で気が紛れてなんとか我慢できたよ」と言っていただきました。私としては「いい仕事をしたなあ」と大満足で事務所に戻ったことを覚えています。

ところが事務所に戻ってブリーフィングをしている最中に、私は上司に呼ばれ、なんと「お客様から苦情が入っている」と言われたのです。大満足で帰ってきた私にとっては、まったく身に覚えがなく心底驚きました。そして苦情の内容を聴いてさらに驚きました。なんとお客様の苦情は、「自分の担当の客室乗務員が、友達なのかも知らないが、その人とばかりおしゃべりをしていて他のお客を見ていなかった」というものだったのです。

もちろん私は弁解したかったのですが、そのとき上司が「お客様はこう言っているけれど、自分としてはどうなんだ？」と私の気持ちを聴いてくれたのです。私は、そのときのお客様の状況を話し、「少しでも気持ちを楽にさせて上げたかった」と自分の気持ちを伝えました。

するとと上司は、「そのお客様にはいいことをしたね」と私の気持ちを受け取ってくれたあと、「そのときに他のお客様のこともちゃんと見ていましたか?」と私に質問しました。その瞬間、自分は当該のお客様に意識を向けすぎていたことに気づいたのです。

私が素直に「その方にしか意識が向いていなかったかもしれません」とつぶやくと、初めて上司は私を注意しました。「機内にはさまざまなお客様がいる。もしその方以外にも具合が悪い方がいたら、気づくことができましたか?」。その言葉にハッとして、私は何も言えなくなり、大いに反省をしました。

もしこのとき、自分では良かれと思って一生懸命やっていたことを頭ごなしに否定されていたら、きっと素直に上司の言葉を受け止めることはできなかったかもしれません。しかしそのときの上司は、「自分としてはどう思う?」と私に話すチャンスをくれました。最後まで頷きながら聴いてくれたうえで、先述のような注意をしてくれたのです。

結果は最悪に見えても、相手には相手の意図や考えや思いがあってやったことかもしれません。そのときの気持ちを聴いてもらえた場合と、言い訳無用で頭ごなしに注意をされた場合では、きっと納得度が大きく違ってきます。

研修で、ある参加者の方が「上司に企画書を出したら頭ごなしに否定された。せめてどんな目的で、どんな思いで作ったのか、それくらいは聴いてほしかった」と寂しそうに語っていました。もしもこの方の上司が、もっと部下の気持ちに目を向けていたら、反応はかなり違っていたことでしょう。

気持ちとは何か？

では改めて「気持ち」とは何でしょうか。聴き方マスター講座では「気持ちとは何か?」を考えていただきますが、皆さんは考え込んでしまいます。「相手の気持ちを理解する」という言葉は当たり前のように使っていますが、気持ちの捉え方というのは人によってさまざまです。

認知行動療法を活用した講座では、いろいろな場面を設定して、「そのときの自分の感情は何ですか?」と伺うことがあります。すると、「相手の言葉に引っかかって、どうしてこんなことを言うのだろう。それってその人独自の考えであって、それを主張するのはおかしいんじゃないの？　と思いました」とか「私はもっとちゃんと話を聴いてほしいと思っているのに、いつだって私たちの意見は無視されてしまいます」といった答えが返ってきます。そのほかにも似たような答えが返ってきますが、共通しているのは、自分の感情を表す言葉がほとんど入っていないことです。

「気持ち」には大きく分けて、以下のような三つの要素が含まれています。

・思考：考えていること
・感情：感じていること
・意向：望んでいること

先ほどの例でいえば、「相手の言葉にひっかかって……」の中には、その人の「思考」が表現されています。「私はもっとちゃんと話を聴いてほしいと思っているのに……」の中には、その人の「意向」が表現されています。ところが、「感情」については、どちらも表現されていません。

こんなふうに特に仕事の場面では、話し手自身も自分自身の感情にはあまり目を向けず、考えていることや望んでいることを語ることがとても多いように思います。あまり一般論で語りたくはないのですが、男性は気持ちを聴くと「考えていること」を応える方がとても多いように思います。「そのときの感情はどのようなものですか？」と聴くと、答えに詰まる方が多いのです。

そもそも思考と感情には密接なつながりがあります。そのため、相手が「何を考えてい

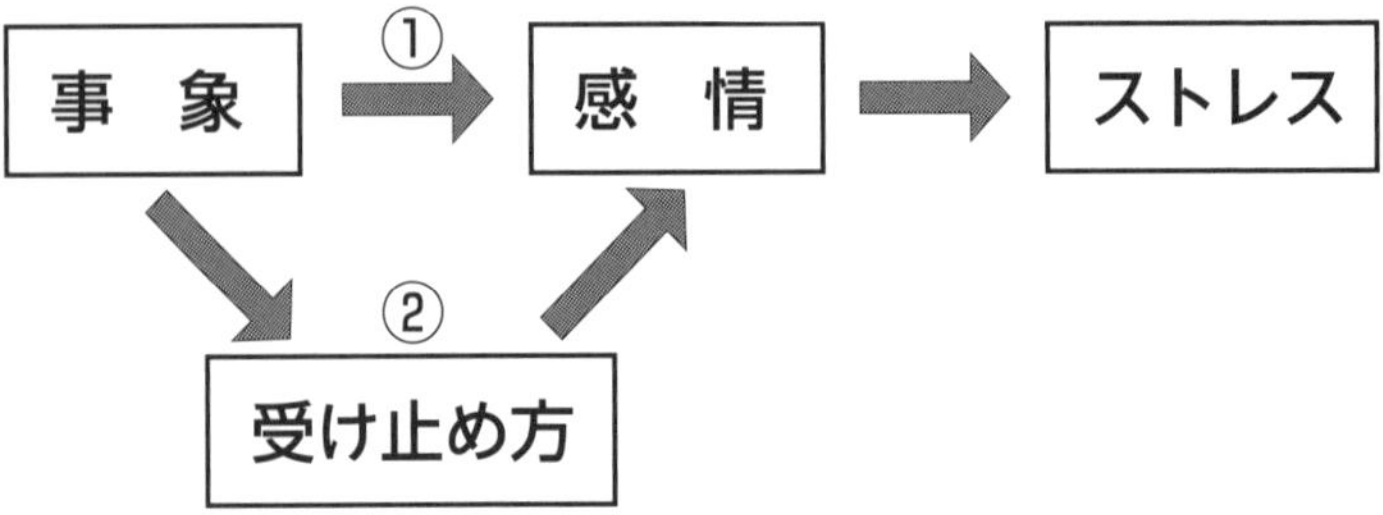

図５　受け止め方と感情の関係

るのか」と「どんな感情が沸き起こっているのか」をできるだけ分けて理解するほうが、相手の思考と感情との関係を捉えやすくなります。

たとえば何かが起こったとき、私たちはその出来事がそのまま感情につながると考えがちです（①）。しかし実際には、その出来事をどのように受け止めたか（思考）によって感情が生まれるのです（②）。そのため、同じ出来事を体験しても、出来事の受け止め方が違うと、結果としての感情も違ってきます。だからこそ、図にあるように、その事象をどのように受け止めたか（思考）、そこからどんな思いになったのか（感情）を理解することで、相手の問題解決の糸口が見つかりやすくなるのです。

気持ちを引き出すアプローチ

相手の気持ちを理解するアプローチについて述べてきま

したが、いくら話を聴いていても、なかなか相手の気持ちが表面に表れてこないことがあります。特に日本の場合は「察しの文化」がまだ残っていて、言わずともわかってほしい、察してほしいと思う方はまだまだ多いように思います。

私は講座の中でいつも、「大切なことはきちんと伝えないと伝わらない」ので自分の気持ちをしっかり伝えてくださいとお話ししていますが、それでもなかなかうまく言えないという方がいます。聴く場面でも、話し手の気持ちがなかなか表面に現れてこないことがあります。そのようなとき、気持ちを引き出すアプローチの一つが「明確化」です。

明確化とは、相手が言葉にしていない気持ち（考えていること、感じていること、望んでいること）や潜在意識（話し手自身が気づいていない気持ち）を聴き手が言葉にして返すことです。

たとえば子どもが、「お母さん、犬……」と言ったときのことを考えてみます。お母さんは何を感じるでしょうか。子どもは「犬」としか言っていません。しかし明らかにその言葉の裏には何らかの気持ちが隠れているのが伝わってきます。そのときに「犬だね」で終わってしまったらどうでしょうか。

もちろん子どもの非言語によっても違ってきますが、嬉しそうにしていれば「可愛い犬だね」と返すかもしれませんし、固まっている様子であれば「犬、怖いの？」と返すかもしれません。こんなふうに表面に出ていない気持ちを察して聴き手が言葉にして返すというアプローチで、相手の気持ちを引き出すきっかけを作ります。

このように説明しますと、「返す言葉を間違えたらどうするのですか?」と質問を受けることがあります。確かに私たちは、あくまでも推測でしかアプローチはできませんから間違えることもあるかもしれません。しかし間違ったことで相手はそれを訂正したくなり、それがきっかけで自分の気持ちを表現することも多いのです。

たとえば、こんなふうに同僚があなたに言ったら、あなたはどのように答えますか。「○○さんの上司は、いつも物わかりがいいから仕事しやすそうだね」。もし、その同僚が上司との関係で悩んでいそうだったら、「あなたの上司はあまり物わかりが良くないの?」とか「上司のことで何か悩んでいるの?」と言葉を返すことができるかもしれません。それがきっかけで、話し手が自分の気持ちを語りはじめることはよくあります。

こんなことを話している方がいました。「部下に仕事の説明をしていたら、部下から『これ、やるんですか?』と質問されて『当然やるのよ』と答えてしまった。本当は部下が何か言いたいことがあったのだろうに、それを聴くことをしなかった。

そのときは時間の無さや面倒くささがあり、いつものパターンでやり取りをしてしまった。でも、それでは部下の成長に繋がらず、部下の不満となって離職に繋がってしまう」

こんなふうに相手は、自分の言いたいことを質問として表現してくることがあります。だからこそ、聴き手としては、その質問の裏にある気持ちに目を向けて「何か気になることがあるの？」と気持ちを引き出すアプローチをしていくことが必要なのです。

相手が話していることを丁寧に聴くことはもちろん大切ですが、同時に相手が話していないこと、話せないでいることを聴くことはもっと大切なのです。

沈黙への働きかけ

せっかく相手を理解しようとアプローチしても、相手が沈黙してしまい困ったという話を聴くことがあります。私もカウンセリングの勉強をはじめた当初は、沈黙がとても苦手でした。相手が黙ってしまうと気まずくなり、自分のなかで「何か言わなければ」「この沈黙を何とかしなければ」と焦ってしまったのです。

講座のなかで「沈黙に困ったことはありますか」と質問をしますと、多くの方が手を挙げます。しかも私と同じように、なんとか沈黙を破ろうと頑張ってしまいます。

次頁の表にあるように、沈黙にはいくつかの意味があります。それを理解しておくと相手が沈黙していても待っていることがしやすくなります。

沈黙の意味

- 話し手が自分の体験を模索している
- 話をしようかどうか迷っている
- 言葉が見つからない
- 心を閉ざしてしまっている

……

もし話し手が自分の体験を模索したり、伝えたい言葉を見つけたりしようとして考えているようなら、それは相手にとって大切な「考える時間」になっています。そのことを理解しておくと、じっと待ってあげることがしやすくなります。

沈黙が少し長くなっていると感じたら、「今、何が浮かんでいますか?」と聴いてみるのも効果的です。あるいは、話しにくそうにしていたら「言葉にするのが難しいですか?」と相手に寄り添ってみるのもいいです。

それでもうまくいかないときは、沈黙の前の言葉に戻って「○○とおっしゃっていましたが……」と聴いてみてもいいでしょう。そのためには最後の言葉（沈黙の前の言葉）を覚えておく必要があります。

気をつけなければいけないことは、沈黙になったからと言って別の話題に変えてしまわないことです。話題を変えることは、相手の思考を中断してしまうことになりますし、聴き手が今の話に興味がないというメッセージになってしまう場合もあるからです。

もし相手が心を閉ざしているように感じても、それを無理にこじ開けようとするのではなく、あくまで話し手のタイミングに合わせることです。「話したくなったらいつでも話してくださいね。いつでも聴きますよ」という気持ちで扉を開いておくようにします。

ときには、沈黙する相手の傍にいるだけでも良いときがあります。数年前のことですが、私の大切な友人が家族を亡くしたので駆け付けました。うなだれて黙り込んでいる彼女の傍で私は何も言えず、ただ傍に座って手を握ることしかできませんでした。しばらく黙って手を握っていたら、彼女の目から大粒の涙がポロリとこぼれてきて「やっと泣けた……」と呟いたのです。

冬季オリンピックのパシュートの競技で最後部の選手が転倒してしまったために金メダルを逃してしまったことがあります。そのとき、ショックで脱力している選手（姉）の隣に妹の選手が黙って座り、姉の背中をさすっていました。何も言わず、相手の苦しい沈黙に寄り添っている姿に心を動かされたことを覚えています。

言葉にならない言葉に気づく

先でもお伝えしたとおり、私たちは言葉で全てを語っているわけではありません。それどころか言葉では語れないことを非言語で語っていることがとても多いのです。それには「目で聴く」ことも必要です。

目で聴くとは単に「見る」ことではなく「観察して気づく」ことです。そのためには、相手が話しながら何をしているか、どんな表情をしているか、姿勢や目線はどうなっているか、声のトーンはどうか、話し方はどうかなどをしっかり観察します。さらに、それらの非言語と言語はどこまで一致しているかも考えながら、相手が発しているサインをキャッチしていきます。

サインが見えたら、そこに関わっていきます。たとえば相手に「大丈夫?」と聴いて俯きながら「大丈夫です……」と答えたら、「なんとなく、私には不安そうに見えるんだけど、何か気になっていることはありませんか?」などと言葉をかけてみます。

相手が笑いながら辛い話や悲しい話をすることもよくあります。ついその笑顔につられて聴き手も笑顔になってしまうことがありますが、その笑顔の裏には苦しい思いや気持ちが隠れているかもしれません。こんなふうに、聴き手としては言葉にならない言葉に気づくことも必要なのです。

よく職場で見かける光景があります。聴き手が忙しいこともあってパソコンを打ちながら相手の話を聴いています。耳は傾けているのでしょうが、これでは相手が無意識に発しているサインに気づくことなどできません。

あるいは、熱心に聴いてはいるのですが、メモに夢中になっている場面を目にすることもあります。メモを取り出すとどうしてもそちらに目線が向かいますから、やはり相手のサインには気づけなくなります。

近年、メンタル不全に陥ってしまう方の年齢が若年化しているといわれています。働く現場でも、それが問題の一つになっていることも多いようです。そのため、部下の心身の健康状態に注意することも上司の大切な役割になっています。それには、部下の言語だけでなく非言語にも関心を持ち、ちょっとしたサインに気づくことが求められます。

8
章

相手を育てる
聴き手の質問力

聴き手の質問で話し手の意識の方向性が変わる

これまでの章では、聴き手から話し手に質問する、あるいは話し手から聴き手に質問するような場面がたびたび出てきましたが、ここではＢｅｉｎｇとして聴くときの質問力に焦点を当てて考えてみます。

相手の成長につなげる聴き方をするには、聴くこととともに質問することも大切になります。「気づきは成長の第一歩」と言いますが、それには聴き手の聴く力とともに質問力も大切だからです。

私たちは情報を得るために質問をすることが多いと思いますが、質問は相手に気づきを促し、成長を支援する働きもします。私が長年学んできたＮＬＰ（神経言語プログラミング）の講師であるジョセフ・オコナー先生は、このことについて「質問は相手の見えないところを照らすカンテラのようなものである」とおっしゃっています。

つまり、聴き手が的確な質問をすれば、これまで見えていなかった新しい領域が照らし出され、そこにある自分の思いや気持ち、望みなどに気づくきっかけになるのです。それは逆にいえば、聴き手が質問でどこを照らすかによって、相手の意識の方向性が変わると

閉じた質問（Closed Question）

はい、いいえで答える質問

開いた質問（Open Question）

相手が自由に答えられる質問（６Ｗ３Ｈではじまる質問）

Who，Whom，When，Where，Whart，Why

How，How many，How much

いうことでもあります。

ここでは、そのような質問の活用方法を具体的に紹介していきます。

閉じた質問と開いた質問

質問の分類として一般的なのは上の表にあるように、閉じた質問（Closed Question）と開いた質問（Open Question）です。

閉じた質問は「はい、いいえ」で答えられる質問です。たとえば「仕事は予定どおり進んでいますか？」「手順書は確認しましたか？」などと質問します。

一方、開いた質問は6W3Hなどの疑問詞を使った質問で、相手が自由に答えられる質問です。たとえば、「仕事の進み具合はどうですか？」「作業に入る前にどんな準備をしましたか？」などと質問します。

Who , Whom , When , Where ， How many ， How much
➡ある程度情報が限られる限定質問

What ， Why , How
➡さまざまな答えが出てくる拡大質問

さらに、開いた質問は上の表にあるように限定質問と拡大質問に分かれます。

閉じた質問と開いた質問にはそれぞれメリットとデメリットがありますので、それを踏まえて使い分けていくことが大切です。

まず閉じた質問ですが、私は質問力の講座の中で、受講者の皆さんにそのメリット・デメリットについて考えていただくことがあります。すると、よくこんな意見が出てきます。

メリットは、「はい、いいえ」で応えやすい、明確な答えが得られる、相手の考えを絞り込める、会話を望む方向に向けることができる、スピーディーに進められる、関係が浅くてもできる、確認に使えるなどです。これらを見ると、話し手にとってのメリットが少ないことにお気づきでしょうか。確かに話し手が「はい、いいえ」で応えやすいというメリットはありますが、その他は聴き手にとってのメリットです。

一方デメリットとしては、閉じた質問があまり多くなってしまうと、話し手にとっては一方的な印象になりますし、一歩間違えると尋問のようになってしまうことです。講座ではこんな答えが出てきます。聴き手にとっては、話が広がらない、情報が限定されやすい、話がすぐに終わる、関係が築きにくいなどです。話し手にとっては、本人が言いたいことが発言しにくい、尋問されているように感じる、「はい」か「いいえ」の選択を迫られるなどです。

結局、閉じた質問は質問者が主導権を握っています。上司と部下の会話の例を挙げてみますと、

上司「Aさん、今日は〇〇社の打ち合わせの日でしたね」
部下「はい、そうです」
上司「企画書の数字はしっかりと確認しましたか？」
部下「はい、しました」
上司「必要な資料も用意してありますね」
部下「はい、大丈夫です」
上司「あそこの部長はチェックが細かいから気をつけてくださいね」
部下「はい……」
上司「じゃあ、失礼のないように頑張ってきてください」
部下「はい、わかりました」

といった流れになります。

じつは、面倒見の良い上司ほどこんな会話になりがちです。もちろん上司としては良かれと思って確認をしているのですが、部下にはほとんど自発的に話をさせていません。もしこんな会話が日常的になってしまうと、部下の考える力や表現する力はまったく育たないでしょう。研修で質問の練習をしていただくと、やはりこの上司のような閉じた質問になっていることがとても多いのです。

ただし、閉じた質問のメリットである「話し手が応えやすい」は、話の切り出しにうまく使えば効果的な面もあります。たとえば、少しメンタルダウンしている部下の話を聴こうとするとき、「最近の体調はどう?」といきなり開いた質問で聴くと相手は、何を、どう話したらよいのか迷ってしまうかもしれません。そこで「睡眠はしっかりとれていますか?」とか「食欲はありますか?」などと閉じた質問で聴くと、応えやすかったりします。

また、明確な答えが得られる、答えを絞りこめるという閉じた質問のメリットを利用すれば、クロージングに向かうときに効果的です。

次は開いた質問ですが、同じく受講者の方から出てくるメリットは、話が広がる、少ない質問で多くの情報が得られる、相手の考え、姿勢、感情がわかる、相手が自由に答えを見つけることができる、本音や本質に近づくことができる、思わぬ情報が得られるなどです。

このように相手は自由に考えることができるため、相手の気づきにつながったり、相手の創造性を刺激したりすることもできます。さらに開いた質問をすると答えの幅が広がるので、聴き手にとっては思わぬ情報や気づきを得られることもあります。

開いた質問のデメリットについては、話が拡散する、答えにくいこともある、考える時間が必要、自分が欲しい答えと違う答えが返ってくることがある、などが出てきます。そのため、先ほど閉じた質問の使い方で述べたとおり、話の切り出しでは閉じた質問のほうが相手にとっては話しやすいのです。しかし話の中盤では開いた質問のほうが、話し手が自由に考える余裕が生まれますし、気持ちを発散することもできます。また、開いた質問をきっかけに自由に話しやすくなるので、徐々に自分の言いたいことが整理できてきます。

本書の前半で、自分の頭の中で考えているだけではなかなか整理がつかないことも、言語化して少しずつ相手に話すことで考えのもつれがほぐれて整理され、より深く自分自身を理解できると述べました。開いた質問は、このような言語化を助けます。

それからデメリットの一つ、自分が欲しい答えと違う答えが返ってくるについては、聴き手が欲しい答えではないからと話し手の軌道修正をしてしまうと、自分が主体のＤｏｉｎｇとしての聴き方になってしまいます。自分が欲しい情報は得られるかもしれませんが、話し手の成長を促すことはできなくなってしまいます。

このことは、顧客提案の研修で特に気をつける点としてお伝えしています。自分が欲しい情報ではないとしても、相手が本当に話したいことかもしれないからです。それなのに自分の意図する方向に軌道修正してしまうと、相手の潜在ニーズに気づけなくなってしまうのです。

話し手が部下の場合も同様です。「話がズレた」と思ったとき、たとえ相手が質問を捉え違いしてズレた答えが返ってきても、すぐに軌道修正せず、なぜ今この話が出てきたのか、なぜ違う方向に進んでいったのかを考えてみることです。

Ｗｈｙの質問は特に注意が必要

次に、開いた質問のなかにあるＷｈｙについて考えてみたいと思います。特に注意が必要な質問だからです。

この質問は、たとえば職場などで問題解決の原因を探るときは有効な質問ですし、現状がなぜそうなっているのかを把握するときにも有効です。製造業で必ず学ぶ手法の一つである「なぜなぜ分析」もＷｈｙの質問ですが、製造現場での再発防止には有効です。

しかし、これをコミュニケーションの場面で使う場合は注意が必要です。たとえば、上司に「なぜ、納期に間に合わなかったの？」と言われたら、きっと心の中で「まずい、叱られる」と思うかもしれません。Ｗｈｙの質問は相手の防衛心を刺激してしまうからです。言われた相手はつい弁解をしたくなるかもしれません。

研修の中で受講者に、「なぜ遅刻したの？　と訊かれたらどんな感じがしますか？」と聴いたことがあります。ほとんどの方は「責められている感じがする」と答えます。「なぜ」と質問されると、自分自身に矢がぐっと向けられている印象を受けるからだと思います。

たとえば上司として心配して相手に問いかけているのに、「なぜ」の質問を使ってしまうと、その気持ちは伝わらなくなってしまうかもしれません。

Ｗｈｙの質問は、相手に説明を求める質問でもありますし、ときには相手に責任を迫る印象も与えます。説明を求められた相手は状況を説明しますが、それだけでは必ずしも役には立たないからです。

ですから上司として部下を育てるためには、説明を引き出すＷｈｙの質問は少なめにして、気づきを促す質問として効果的なＷｈａｔやＨｏｗ　ｔｏを使うほうがいいのです。

先ほど「なぜ遅刻したのですか？」と質問する場面を取り上げましたが、その代わりに「何があったのですか？」と質問をしてみると、ほとんどの方は「なぜ」と質問されるより答えやすいといいます。

「何があったの？」と言われると、自分にだけ矢が向いているのではなく、自分を含めた周囲にも矢が向かっている感じがします。そのように範囲が広がる印象があるので、話し手としては受け止めやすいのです。たとえば、次のように表現を変えてみると、どんな感じがしますか。

「なぜできなかったのですか？」を「何が障害になっていますか？」に変えてみる。
「なぜ間に合わなかったの？」を「どういう状況だったのですか？」に変えてみる。
「なぜ○○をやらないの？」を「何が妨げになっていますか？」に変えてみる。

日本語は主語が省略されやすいのですが、「なぜ」の質問の主語は全て「あなた」です。だから、言われた側はきつく感じてしまうのですが、「何」の質問は主語が別に向いているので、責められている感覚はなくなり、受け止めやすくなります。研修の受講生のなかには「何」の質問は心配してくれている感じがすると答える方もいます。

私が認知行動療法を学びはじめたころ、恩師に自分の悩みを聴いてもらいながら、なかなか行動に踏み出せない自分にいら立っていたことがあります。そのとき恩師は私に「何があなたを止めているのでしょうね？」と静かに聴きました。

この質問は私にとってとても衝撃的で、それをきっかけに心の中で私を止めているものを探しはじめたのです。「なぜ、できないのか」と考えていたときは、外部環境が原因であると思っていましたが、「何が私を止めているのか」と考えはじめたとき、原因は自分の心の中にあることに気づいたのです。

質問には前提が含まれている

全ての質問には前提が含まれています。たとえば、「あなたが目指すゴールはなんですか?」と質問したとします。この質問には「相手にはすでに何か目指すゴールがある」という前提が含まれています。

私は研修で、このことを説明するために主人を想定した笑い話をすることもあります。私が主人に「お風呂掃除とお皿洗いはどっちがいい?」と質問をすると、主人は何の疑問もなく「風呂洗い」と答えてくれます（笑）。この質問には、どちらかはやらなければならないという前提があり、主人は無意識にどちらがいいかを考えてくれます。もちろん、やってもらった後は心から感謝を伝えます。

このように質問には前提が含まれますが、聴き手も相手も無意識にその前提のもとで質問したり答えたりしようとします。聴き手の質問に含まれる前提が効果的なものだったら良いのですが、ときには相手をネガティブな感情にさせてしまう前提が含まれていることもあります。いくつか例を挙げてみます。

「あなたの対応で改善すべき点はどこですか?」(改善すべき点があるという前提が含まれている)

「それは誰の責任ですか?」(誰かが責任を取る必要があるという前提が含まれている)

「やり方を変えない理由は何ですか?」(やり方を変える必要があるという前提が含まれている)

このような前提が質問に含まれていると、聴き手にはそのつもりがなくても、相手は自分を非難されているように感じてしまうこともあるのです。

また、マイナスの枠組みを含んだ前提は相手の行動を制限してしまいます。たとえば「これをやるのはとても難しいと思いますが、どのようにやっていきますか?」

「これをやるにはかなり時間が掛かると思いますが、間に合いますか?」

と質問すると、相手は難しいとか時間が掛かるとは言っていないにもかかわらず、その前提にある「難しい」「時間が掛かる」が相手の中の前提に作用して、「難しいこと」「時間が掛かること」だと受け止めてしまいます。これでは、相手が自由に考えることができず相手の持っているパワーを奪ってしまいます。

しかし、この前提をプラスに利用して質問をすれば、相手にパワーを与えることもできます。それには、できるだけネガティブな前提は取り払い、ポジティブな前提で質問をしていくことです。

たとえば、「あなたは、この状況の中で何か活かせる経験を持っていますか?」という質問ですと、活かせる経験があるかどうかは明確ではありません。にもかかわらずこの質問をすると、相手は、そんな経験は「持っていない」と思考してしまうことが多いのです。

しかし、「あなたのこれまでの経験のなかで、どの経験がこの状況に活かせると思いますか?」という質問には、あなたは活かせる経験を持っているという前提が含まれています。

あるいは、「何が活かせますか?」と質問すれば、相手は活かせることを前提に、自分自身が持っているリソース（資源）を探して活かそうというパワーを得ることができます。

あるいは、「この失敗から何を学ぶことができますか?」という質問には、失敗から学べるという前提が含まれています。「失敗から何か学ぶことができますか?」という質問とは違って、相手にパワーを与えることができるのです。

否定質問と肯定質問

質問を否定質問と肯定質問に分けて活用することもできます。まず否定質問ですが、たとえばこんな感じです。

「どうしてうまくいかなかったのですか？」

「今の業務で順調に進んでいないところはどこですか？」

「なぜ、できなかったのですか？」

「自分の問題点はどこですか？」

これらは全て否定質問で、否定的な表現になっています。問題点やできなかったところに目を向けています。もちろん、相手を育てるためには問題点に目を向けることも大切ですが、問題点にばかり目が向いてしまうと、相手の自信を失わせたり、やる気を下げたりすることになりかねません。

そのため、聴き手としては肯定質問でポジティブな面に焦点を当てることも大切なのです。たとえば、こんな感じです。

「どうしたらうまくいくと思いますか？」

「今の業務で順調に進んでいるところはどこですか？」
「うまくできたと思うところはどこですか？」
「自分の良い点はどこですか？」

本書の冒頭でも述べましたが、若手ほど自分自身の成長が自覚できず、自信が持てずにモチベーションが低下してしまうケースを見かけます。そんなときに、上司が部下の良いところや頑張っているところに目を向けた肯定質問をすると、部下としては自分自身を肯定的に受け止める力にもなります。

人から褒められ承認されることも確かにエネルギーにはなりますが、何よりも大切なことは、頑張っている自分をちゃんと受け入れることなのです。だからこそ上司として、できていない点ばかりでなく、できている点に気づかせる肯定質問を活用してほしいと思います。

相手の視点を変える質問

相手によっては、自分の思考の枠組みに囚われ、物事の見方が狭くなっていたり、一つの方向からしか考えることができなくなっていたりする場合もあります。そのとき、聴き手の質問によって相手の視点を変えたり、見方を広げたりすることもできます。

ここでは、視点を変える質問で代表的なものを紹介します。

(1)第三者の視点を借りる質問

「あなたの大切な友人が同じようなことに悩んでいたらなんと言ってあげますか?」

「もしあなたがその人だったら、どうしてもらいたいと思いますか?」

「あなたの尊敬する人だったら、今のあなたになんと言いますか?」

これらは第三者の視点を使って自分自身を客観視できるような質問です。何かに行き詰まっているようなときは、どうしても視野が狭くなってしまい、柔軟に考えることができなくなりやすいものです。

そんなとき、「別の視点で考えてみよう」と言われても実際にどのように考えたらよいのか、なかなか思い浮かびません。そこで、具体的に身近な人やその人が尊敬している人などを思い浮かべてもらい、その人だったらどうするだろうかと考えてもらうのです。

私はリーダー研修のときに、モデラーを探すことをおすすめします。モデラーとは自分が参考にしたい、目指したい人のことです。あんなふうになりたいという具体的な理想像があったほうが、新しい視点で考えやすくなりますし、モデルになる人を真似ることで自分が身につけたいことを身につけていくのです。

このモデリング学習はとても効果的な学習方法ですが、私はもう一つ付け加えることをおすすめしています。それは、何かに行き詰ったとき「その人だったらどう行動するだろうか」「その人だったらなんと言うだろうか」を考えてみることです。

(2)チャンクを変える質問

チャンクとは直訳をすると「塊」「まとまり」などですが、NLP心理学では状況や現象をどのようなまとまりやレベルで捉えているかを示す言葉として使います。コミュニケーションにおいては、このチャンクの違いが大きなコミュニケーションギャップになってしまう場合が多いのです。

たとえば、「今日、ここまでどのように来ましたか?」と訊かれたら、乗り換えも含めた細かいプロセスを時系列で詳しく話してくれる人がいます。もしかしたら家を出た時間から話しはじめるかもしれません。この場合は状況のとらえ方、つまりチャンクが、より小さい傾向の人です。

逆にチャンクがより大きい傾向の人は、ひと言「JRで来ました」で終わってしまうかもしれません。

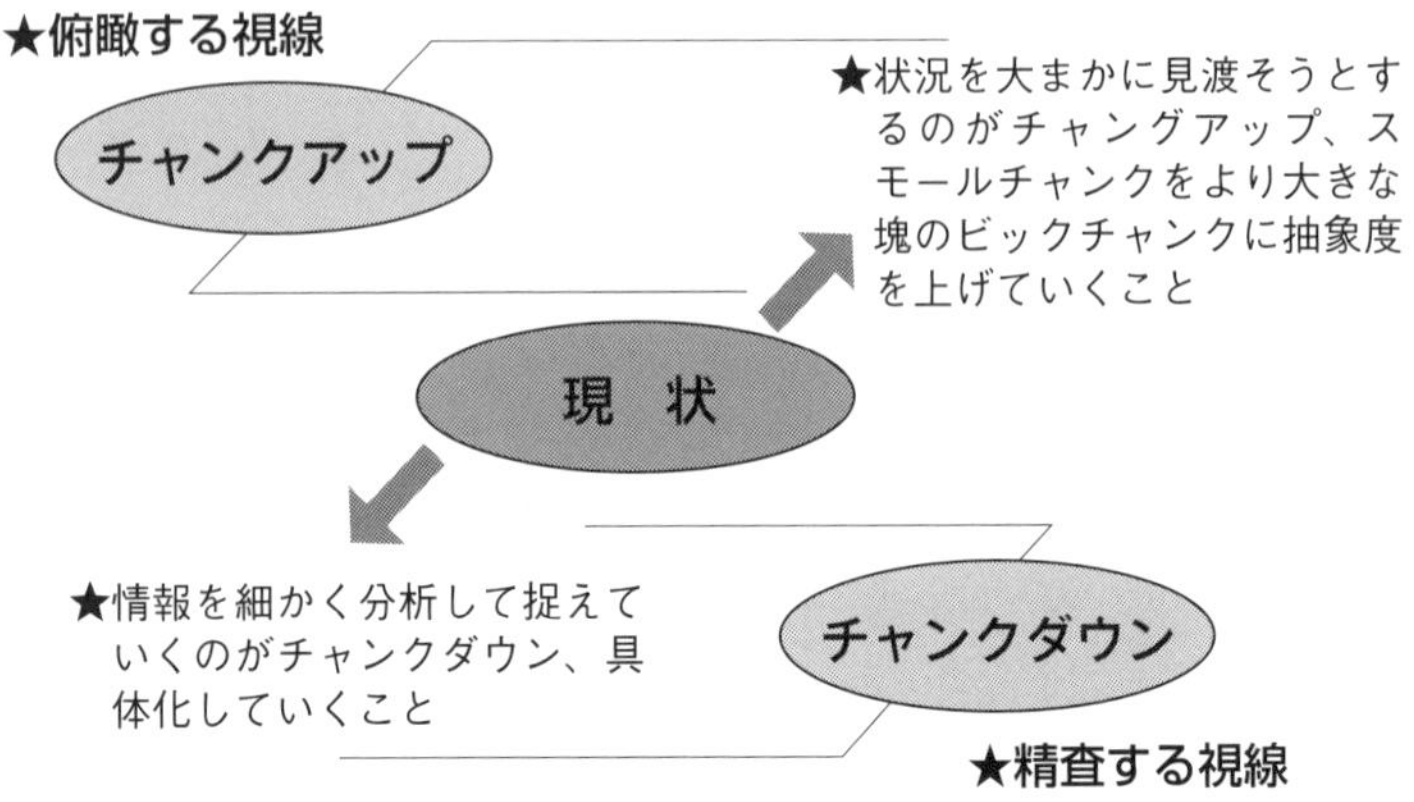
★俯瞰する視線
チャンクアップ
★状況を大まかに見渡そうとするのがチャンクアップ、スモールチャンクをより大きな塊のビックチャンクに抽象度を上げていくこと
現　状
★情報を細かく分析して捉えていくのがチャンクダウン、具体化していくこと
チャンクダウン
★精査する視線

図6　チャンキング

チャンクの小さい話は詳細で経過がわかりやすいのですが、結論や全体像がわかりにくいというデメリットがあります。一方、チャンクの大きい話は全体像や結論がわかりやすいのですが、デメリットは詳細がわかりにくいことです。

どちらにもメリット・デメリットがありますので、チャンクが大きいから良い・悪いということではありませんが、このチャンクを上手に使うと、相手と同じ目線でコミュニケーションが図れたり、相手を理解しやすくなったり、相手の気づきを深めたりすることにもつながります。

コミュニケーションには、このチャンクの違いが明確に現れます。しかも、チャンクを変えることでコミュニケーションの質を高めることができます。

チャンクの使い方としてはチャンクダウンとチ

ャンクアップがあります。この二つをまとめて「チャンキングをする」ともいいます（図6参照）。

まずチャンクダウンですが、これは情報をより具体化していくアプローチで使います。

たとえば、「〇〇の資格を取得したい」という目標があるとしたら、

「資格取得のために、どんな勉強をしますか？」

「何から取り組んでいきますか？」

「どのように取り組んでいきますか？」

「どれくらいの期間をかけようと思っていますか？」

などと、大きなところから小さなところへチャンクダウンしながら質問していきます。

チャンクアップのほうは、全体像や背景や意図などを明確にする質問です。たとえば、

「資格を取得することでどんなメリットがありますか？」

「それは自分自身の将来にどのような影響を与えますか？」

「それによって何が得られますか？」

「そもそもなんのためにその資格を取得したいのですか？」

「それは自分自身にとってどのような意味がありますか？」

などと、小さなところから大きなところへとチャンクアップしながら質問していきます。

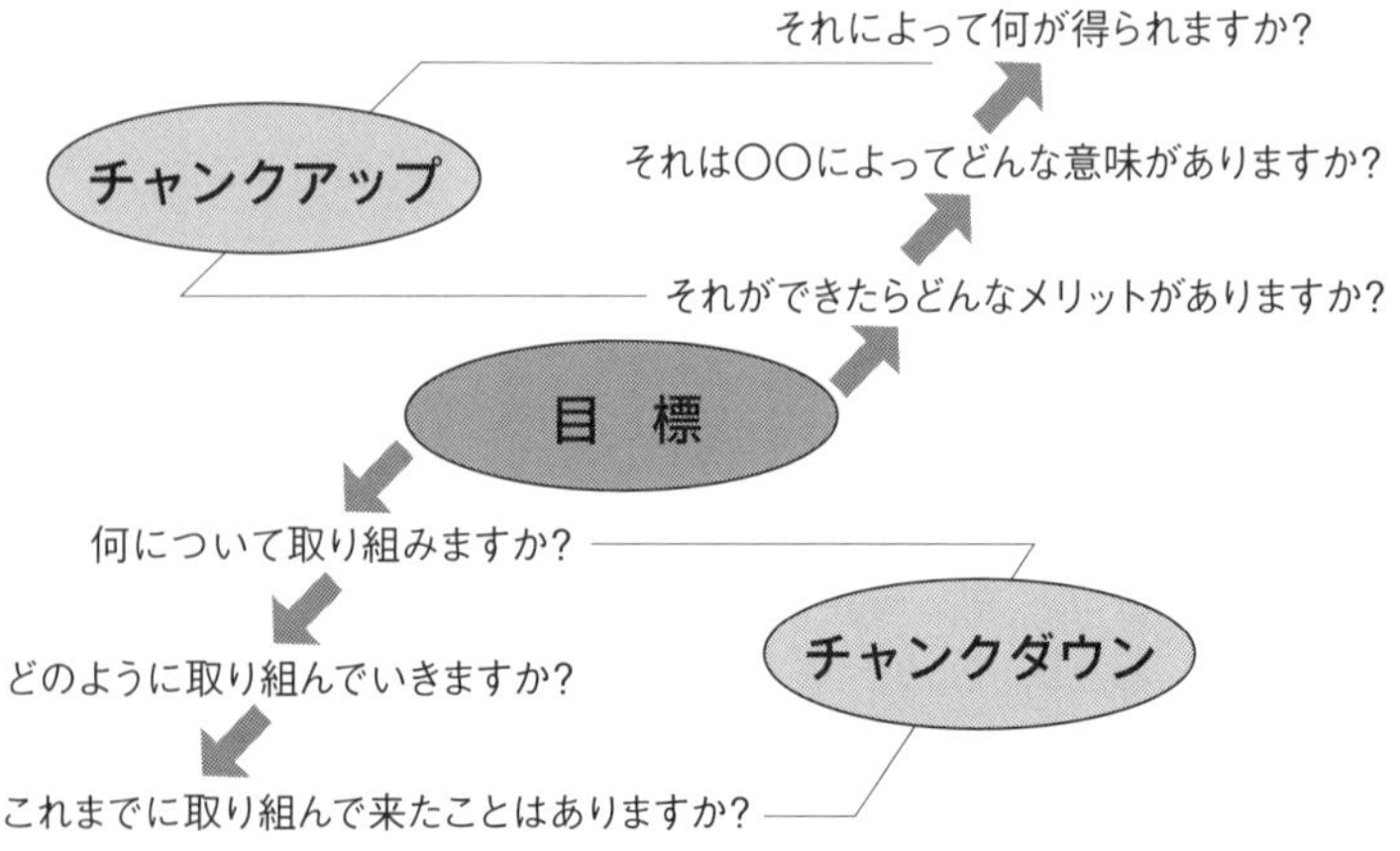
それによって何が得られますか?
チャンクアップ
それは〇〇によってどんな意味がありますか?
それができたらどんなメリットがありますか?
目　標
何について取り組みますか?
チャンクダウン
どのように取り組んでいきますか?
これまでに取り組んで来たことはありますか?

図7　チャングアップ・チャングダウンの質問

チャンクアップの質問は、チャンクダウンの質問と違って行動や状況ではなく、その人の内面の価値観や意味や背景などを引き出します。それによって、自分自身の内面を振り返りながら、目標の意味や大切にしたい価値観を見つけることができたり、やりたいことが見つかったりして、モチベーションが上がることも多いのです(図7参照)。

チャンキングの効果について整理しますと、以下の三つになります。

①視点を変えることができる

たとえば相手のチャンクが小さいと、目先のことしか見えなくなり本質を見失いがちになります。そこで「そのことでどんな効果があるのか」「それは何のために行うのか」とチャンクアップの質問をすると、自分がやることの本質を認識することができます。

逆に相手のチャングが大きく、「将来起業したい」など大きな目標を持っているが、実現性が見えないときは、「そのための最初のステップは何ですか？」とチャングダウンの質問をすると、現実的な目標に目を向けさせることができます。

②コミュニケーションギャップを防ぐことができる

チャンクの大きな人とチャンクの小さい人では話が噛み合わなくなります。たとえば同じテーマで話をしていても、捉え方の大きさが違うため、まったく違う話をしているような感じになることもあります。

私は研修でこのことを説明するために、ケーキを使います。チャンクの大きな人はケーキをホールで見ています。ケーキ全体が見えているので、ケーキの上にイチゴやリンゴ、キウイフルーツ、バナナなどがのっていれば、それはフルーツケーキであると認識します。

一方、チャンクの小さい人はケーキをピースで見ています。その分、ケーキの中味は細かく見ていますが、ホールを見ていないので、たまたまピースの上にのっていたフルーツがイチゴだったら、イチゴケーキだと思うかもしれません。

本来は同じケーキなのに、一方はフルーツケーキだと言い、もう一方はイチゴケーキだと言えば、話は噛み合いません。これは職場でもよく起こることではないでしょうか。

そんなときは、相手がケーキのホールで見ているようならチャンクダウンして「ピースしか見ていない人はどのように見えていると思いますか？」と質問してみます。ケーキのピースで見ているようなら、チャングアップして「ケーキ全体を見ている人には、どのように見えていると思いますか？」と質問をしてみます。

そのようにチャンキングを行うことで、コミュニケーションが噛み合いやすくなります。

③問題状況の捉え方を変えることができる

部下が問題を抱えて行き詰っているときは、チャンクが小さくて問題点にしか目が向いていません。そのために、できなかったことに囚われてくよくよとしてしまい、なかなか次のステップに進むことができません。そんなとき、チャンクアップをして全体を見るようにすると問題状況の捉え方を変えることができます。

たとえば、私がもう10年近く担当させていただいているある企業の新入社員研修があります。10日間近く新入社員と一緒に過ごし、研修を実施するのですが、その最終日に役員や上司の方、先輩の方たちの前で1年後の自分をテーマにプレゼンテーションをします。

新入社員にとっては緊張の時間です。研修期間を通して、そのための準備をするのですが、あるとき、そのプレゼンテーションで先輩からの質問にうまく答えられず、かなり落ち込んでしまった新人がいました。

その人はプレゼンテーションが終わって私の傍に戻ってくるなり、「大失敗です」と暗い声で言ったのです。「全然だめでした」。私から見たら、うまくいかなかったのはその先輩との質疑応答だけなのですが、彼はその一つの失敗だけを見て、全てを否定していました。

そのときの私と彼とのやり取りです。

私「確かにA先輩の質問には詰まってしまったかもしれないけど、B上司の質問はどうだったの？」

彼「B上司の質問は予測して準備していたから答えられました」

私「そうだよね。最後のまとめの部分はとっても自信をもって話していたようだけど、その出来具合は自分ではどう思っていますか？」

彼「はい、最後もしっかりと準備したのでなんとか……」

私「じゃあ、全体を見たらどう思いますか？」

彼「できたところもあるし、できなかったところもある……」

私「全体を見たあなたの評価はどうですか？　まだ全然ダメですか？」

こんなふうにチャンクアップの質問をくり返していると、彼はダメだったところだけでなく良かったところにも目を向けだし、最後には少し笑顔になっていました。問題状況の捉え方が変わったからです。

チャンクアップの質問は相手のモチベーションアップにもつながります。たとえば、
「これが達成できたときは、自分にどんな力がつくと思いますか？」
「これができることで自分にどんな良いことがありますか？」
などと質問しますと、達成できたときのことがイメージできてモチベーションがアップします。

反対にチャングダウンの質問をすることで問題状況の捉え方を変えることができる場合もあります。たとえば、「やることがたくさんあって、どれから手を付けたらよいかわからない」と言っている新入社員がいます。いくつもある問題を大きな塊として捉えてしまい、圧倒されているのです。そんなときはチャングダウンの質問のほうが有効です。

私自身にも同じようなことがありました。さまざまなクライアント様の研修を担当させていただいていますが、しだいにテキストやカリキュラム、企画書、研修に使う配布シートなどがどんどん溜まっていき、キャビネットに不規則に入れていました。机の上にも最近の企画書や資料が山積みになっていました。

早く片付けてオフィスをスッキリさせ、素早く資料を探せるようにしたいと思いつつ、出張が多い仕事のため、そのままになっていたのです。結局、必要な資料を探すたびに時間がかかるので大きなストレスになっていました。

あるとき、この片付け問題をチャンクダウンしてみると、一度に全てを片付けようと思うからできないのだと気づき、まずは1日30分間を片付けの時間にすることにしました。

さらに、どこから片付けるとストレスが減るかも考えました。そうして片付け問題の塊を小さくしていき、いわゆるレバレッジ・ポイントを探したのです。それが、私がいちばん頻繁に使うデスクの上を片付けることでした。そこからはじめて1日30分ずつ続けた結果、今はオフィスがスッキリし、ファイルもラベル化して見やすくなったので資料を探す時間は大幅に軽減されました。

時間軸を効果的に使う

質問のフレームワークとして時間軸を上手に使うことも効果的です。NLP心理学のなかに「四角の地図」という考え方があります。時間軸を有効に使って相手の気づきを促すものです。

次頁の表にある①過去の連合、②過去の分離、③未来の分離、④未来の連合に沿って質問していきます。
①「過去の連合」では、過去に自分が体験したことについて質問します。たとえば、どん

四角の地図

問題に浸っている状態（連合）

④未来の連合 活かしてみるとどんな気持ちになるか、それができたときのことをリアルにイメージしてみる	①過去の連合 過去の体験を再現し、何があってどんな気持ちになったかを探っている状態
③未来の分離 過去の体験から学んだことをどのようにこの先に活かせるかを考える	②過去の分離 過去の体験を少し離れてみることにより、そこから何が学べるかを客観的に考える

未来（左）　過去（右）

問題から離れている状態（分離）

連合…今まさにそれを体験しているかのようにリアルにその体験に浸って考えること
分離…その体験から少し離れて外から客観的に体験を見ること

なことがあったのか、どんなことを考え、感じたのか、どんな行動をとったのか、周囲の状況はどうだったのかなどについて質問してみます。

②「過去の分離」では、過去の体験を少し離れ、そこから何を学べるのかを考えるような質問をします。たとえば、そのとき実施したことで、何が役立ったか、または役立たなかったか、などについて質問してみます。

③「未来の分離」では、過去の体験から学んだことの活かし方を客観的に考えるような質問をします。たとえば、学んだこと、気づいたことをどのように活かせるか、または活かしたいか、などについて質問してみます。

④「未来の連合」では、それができたとき、活かせたときのことをリアルにイメージし、そこから得られるものを感じたり考えたりします。たとえば、活かしてみるとどんな気持ちになるか、自分にとってどんな成長につながるか、どんな効果があるか、などについて質問してみます。

時間軸についてこんなことを話していた方がいました。「今、ここにある問題について話していたのに、あのときはこうだった、あんなことをやったと昔のことを持ち出していろいろと指摘されたうえで、『だから、こうしたほうがいいんじゃない』と言われた。でも、そんな昔のことを今さら持ち出されても、反発したくなるだけですよね」と。

過去についての質問は、ただ事実を掘り下げるのではなく、その体験からの気づきを引き出すことを目的にしたら、相手が自分自身のリソースに気づく質問になり、相手の成長につながるのです。

相手の柔軟性を高め、相手理解を深める質問

先にお伝えしましたが、私たちは全てを言葉で表現しているわけではありません。そのため情報の欠落が発生しますが、それを自分の過去の体験で埋めてわかったつもりになっ

てしまいます。これでは本当の意味で相手を理解したとはいえません。

情報が欠落していることに気づいたときは、その欠落部分を明確にする質問をしていくことが必要です。

情報が欠落するパターンとして「省略・歪曲・一般化」という三つのパターンがありますが、これでは相手を正確に理解することができなくなるだけでなく、話し手自身も自分の言葉に縛られてパワーを失ってしまうことにもなります。

しかし聴き手がこのパターンを緩める質問をすると、話し手自身の柔軟性を高めることができ、相手が問題解決の糸口を見つけやすくなります。

三つのパターンそれぞれに対して、それを緩めるのに効果的な質問を紹介します。

①「省略のパターン」を緩める質問

このパターンでは、情報の一部を選択して伝えるため、他の側面が除外されてしまいます。

たとえば、「いつも頑張っています」で省かれている情報は、「誰が、何を、どのように」に関するものです。そのままにすると、私たちの脳は自分の体験で空白部分を勝手に埋めてしまいます。それで、わかったつもりになってしまうのです。これは聴き手のなかでも無意識に行われてしまうため、十分な注意が必要です。このパターンを緩めるには、省かれている情報も意識して質問してみることです。

②「歪曲のパターン」を緩める質問

このパターンでは、情報を独自に捉えているため、偏った見方になりがちです。たとえば、「どうせやってもいい結果は出ないよ」には、その人独自の捉え方が現れていて、自分の思考の枠組みの中でしか判断していません。ときには偏った思考になってしまうため、聴き手としては根拠を探したり、抽象的な言葉を具体化したりする質問をすることで、相手の柔軟性を広げ、新たな気づきを得られるように促します。

たとえば、「どんなところからそんなふうに感じますか?」とか「あなたが望む良い結果とはどのようなものですか?」と質問してみます。

③「一般化のパターン」を緩める質問

このパターンは、あたかも全てがそうであるように表現します。たとえば、「みんなが不満を持っている」と一般化すると、あたかも全ての人がそのように考えていることになりそうです。一般化によく含まれるのは「みんなが、全部、いつも、必ず、絶対」などです。実際はそうでもないのに、聴き手がそのまま受け取ってしまうと、事実の認識を間違うことになります。

さらに、「みんなが」とか「いつも」と考えると、物事が大げさになり、内容によってはかなりストレスになります。

このような一般化のパターンに対しては、抽象的な内容を具体的にする質問や、例外を探す質問をします。それによって相手の思考の枠を広げるとストレス度合いが違ってきますし、聴き手としても状況をより正確に理解することができるようになります。

たとえば、

「みんなとは、特にどなたが不満を持っていますか？」（具体化）
「どのような不満を持っていますか？」（具体化）
「どれくらいの不満を持っていますか？」（具体化）
「不満を持っていない人はいませんか？」（例外を探す）
「このようななかでも満足している方はいませんか？」（例外を探す）

などと質問してみてください。

あくまで相手を主体にして質問する

質問をすることは相手への関心の現れでもあります。ですから、自分が聴きたいことよりも、相手が話したいことに意識を向けることです。もし自分が聴きたいことに焦点を当ているとしたら、それはＤｏｉｎｇとして聞くことになっています。

Ｄｏｉｎｇとして聞いていると、質問も自分が主体になってしまいますし、自分の関心で相手を問い詰めることになっているかもしれません。結果として、相手は質問されるほど苦しくなります。

Ｂｅｉｎｇとして聴いていると、質問も相手を主体にして、相手が話したいことに寄り添い、相手の気づきを促します。そのことが相手の成長につながります。このことは、これまで述べてきたように、長年にわたり聴くことを学び、実践して確認できた事実に基づいています。

エピローグ

気づきは成長の第一歩

成長は気づきからはじまる

コミュニケーションは「刺激と反応」のくり返しです。そのため、話し手は私たちの聴き方に対してさまざまな「反応」というフィードバックを返してくれます。それを素直に受け入れることは、聴き手自身の成長の第一歩でもあるのです。

だからこそ「聴くこと」は自分を育てることでもあります。そして今の自分のあり方を知り、コップの中味に気づくことで柔軟性が生まれ、それによって相手の心のコップの中味も理解できるようになり、少しずつ受け止められるようになるのです。そしてこれは自分のコップの大きさが広がったことでもあり、結果的に自分を楽にすることでもあるのです。

交流分析という心理学の中で使われる有名な言葉に「過去と他人は変わらない」という言葉があります。過去を変えることができないように、他人も本人がその気にならないかぎり、変えることはできないのです。

この言葉はさらに「自分と未来は変えることができる」と続きます。変わらない相手を変えようとするのではなく、自分自身の関わり方や伝え方や行動などを変えてみることで、相手が変わることもあるということを示しています。

ところが研修のなかで、こんな言葉を聴くことがあります。「急に変わったら、部下に変に思われるのでは……」「研修受けてきて急に変わったと言われてしまう」「今までやっていなかったくせにと言われてしまう」

そうかもしれませんが、上司自身が努力している姿を見せることは部下にとっても励みになるのではないでしょうか。

聴くことについて、私がお伝えしたいことはすでに本文中で書きましたが、最後に「成長の4段階」についてお伝えします。

傾聴技術をいくら学んでもなかなかうまくいかないのは、聴き手自身の心の中でどんなことが起こっているのか、話し手の心の中では何が反応しているのかにまず気づくことが必要だからです。

私たちの成長や変化は全て「気づく」ことからスタートします。聴き手は自分自身に気づくことで相手の心にもより深く目を向けるようになり、相手を受け止めやすくなります。私が学んだ発達心理学をベースにしたNLPのなかに、人間の成長は全て「気づき」からはじまるという「成長の4段階」があります。

表にある4段階の1段階目にあるのが「気づく」ことです。これができると、2段階目にある「受け入れる」に移行できます。さらに3段階目にある「待つ」を経て4段階目の「変化する」に到達できます。

成長の4段階

[1段階] awareness　気づき
[2段階] accept　受け入れる
[3段階] wait　待つ
[4段階] change　変化する

私たちは何かに気づいたとき、その内容に戸惑い、受け入れたくないと感じることもあります。なぜなら、気づくことは自分自身に厳しい改善や評価、軌道修正を求めることもあるからです。だからこそ2段階目の「受け入れる」ことが大切になります。そして受け入れることができて初めて変化に向かうことができますが、その前に3段階目の「待つ」があり、最後に4段階目で「変化する」に到達できます。

ところが実際には、1段階目から4段階目まで一度で到達することは難しいのです。私たちは気づいて受け入れたら、すぐにでも変われると思いがちですが、長年自分がやってきたこと、考えてきたことなどを変えるのはそんなに簡単なことではありません。「またやってしまった」とか「わかっているのにまたくり返してしまった」となります。

でも、「できなかった」「またやってしまった」も大切な気づきです。気づいたら、それを1段階として、また2段階をくり返していけばいいのです。それは変化に到達するため自分の熟成を待つ段階（3段階）だと思ってください。そうして少しできては失敗をくり返しながら、少しずつ変化して成長に近づいていきます。

身近な人の話を聴ける力を身につけよう

プロローグでもお伝えしましたが、『NPO法人ハッピーステージ』で「聴き方マスター検定講座」を開催するようになって14年が経ちます。

講座は初段・2段・3段で構成されており、初段では「聴く」ことを集中的に学びます。次の2段では「訊く」である質問力を学びます。なぜ「聴く」と「質問する」を分けているのかといいますと、質問を効果的に使いこなすには、その前提として聴き方を身につけることが絶対的に必要だからです。

特にBeingとして聴くことを理解していないと、自分本位の質問になってしまい、自分の興味を満たすため、自分の得たい情報を得るための質問になってしまいます。

次の3段は、聴き方マスター初段を自分で開催できるファシリテーターとしての養成講座になります。相手の話を受け止めて聴くことの大切さを理解し、それを一緒に広めてくれる人を育てるための講座です。

そして今、少しずつではありますが、3段を終了し、聴き方マスター講座を一緒に広めてくれる方が北海道や富山、東京、名古屋、徳島、大阪などに誕生しています。「一滴の水滴が水面に落ち波紋が広がっていくように」という言葉のごとく、まさしく水の波紋のように全国に広がりつつあります。

北海道のハッピーステージの仲間がある日、ある事件の新聞記事のことを話してくれました。それは生活費に困り果て、コンビニ強盗をして未遂で捕まった若い男性に被害者が宛てた手紙を取り上げた記事でした。

「私があなたにお金を渡さなかったのは、なぜだかわかりますか。私が動くことで切り付けられたらどうしようと考えたことも確かです。でもその前に、私の目の前にいたあなたがあまりにも若かったからです……。

あなたにお願いがあります。誰かに甘える勇気を持ってください。弱音を吐いて誰かに頼ることは、人を傷つけることよりは格好の悪いことではありません。あなたの人生においてどうしようもなくなってしまったときに、弱音を吐いて頼れる誰かを見つけてください。あなたが決して一人ではないことに気づいていけることを～以下省略」

私も、未成年の人たちが事件を起こしたと聴いたとき、「もし傍らに誰か話を聴いてあげる人がいたら、結果は違っていたかもしれない……」と思うことが何度かありました。ハッピーステージも、そんな思いも含めて「身近な人の話を聴ける力を身につけよう」を目指す活動です。

身近な人が、その人の変化に気づき、少しで良いので声をかけ、相手の話を聴いてあげることができたら、そこから何かが確実に変わっていくのではないでしょうか。

今回は、主に職場において人を育てる聴き方をテーマに書いてきましたが、これは職場にかぎらず、家族との関係や友人との関係、その他、人が交わるあらゆる場面で役に立つものばかりだと思っております。ですから、まずは身近な人から実践してみていただければと思います。

最後に今回、本を出版するに当たって、本当に多くの方のご協力をいただきました。特に職場の事例を共有していただくとともに、聴き方マスター講座の講師として一緒に「聴く力」を広めることを実践してくれている株式会社チームウェルの遠藤恵子さん、聴きマス3段取得者の高野由美子さん、谷口真理さんに心より感謝申し上げます。

また本書をまとめるにあたり総合出版コスモ21の皆様には大変お世話になりました。このような機会をいただきましたこと心より感謝申し上げます。

本書がほんの少しでも、自分自身を成長に導く「気づき」につながり、聴く力をさらに深めて、いろいろな活動の場で聴くことが活かされることを願ってやみません。

この言葉を記して終わることにします。

自分自身にも相手にも誠実に向き合うこと
そして相手が安心して舞台の主役になれるようにすること
それが聴き手としてのあり方であり
BEINGとして聴くことでもあります

●著者プロフィール

牛島留理子（うしじま　るりこ）

有限会社ニーズ代表、NPO法人ハッピーステージ代表理事。

ＡＮＡ国際線第一期選抜メンバーとして成田空港支店転属後、観察力と対話力を活かしたサービスの提供でファーストクラスのお客様から多くのお礼状を頂く。人財育成部門に転属後は「カスタマーファースト研修」を企画し、各空港支店客室部へ展開してＡＮＡのサービス品質向上を図る。教育担当者としての経験を活かし2003年に有限会社ニーズを設立。年間150日以上、4000人近くの研修を20年以上にわたり実施。リピート率は98％以上の実績。人間心理学を活かしたわかりやすい内容と受講者との対話を大切にした研修は、参加者を引き付け、好評。そのなかで、「人を育てるリーダー」には「聴く力」がますます重要であると認識し、研修では聴き方の重要性を伝えている。2010年にはNPO法人ハッピーステージを立ち上げ、30年以上学んだ心理学をベースに気軽に心理学を学べる場を提供し、「聴き方マスター」の養成も進めている。

NPO法人ハッピーステージ　https://www.happy-stage.jp

新・人を育てるリーダー　一流の聴き方

2024年2月14日　第1刷発行

著　者――――牛島留理子

発行人――――山崎 優

発行所――――コスモ21
〒171-0021　東京都豊島区西池袋2-39-6-8F
☎03(3988)3911
FAX03(3988)7062
URL https://www.cos21.com

印刷・製本――中央精版印刷株式会社

定価はカバーに表示してあります。

ISBN978-4-87795-432-1 C0030